博物苑
BOWUYUAN

南通博物苑苑刊
总第 15 期
2009 年第 2 期
2010 年 3 月 28 日

主　　编：王栋云
执行主编：陈卫平
副主编：金　艳
　　　　　徐　宁
美术编辑：张炽康

吴邦国委员长到南通博物苑视察记

海江文

2010年1月15日上午8：40，中央政治局常委、全国人大常委会委员长吴邦国在省、市领导梁保华、罗志军、罗一民和丁大卫等陪同下，到南通博物苑视察、参观。

一下车，吴委员长就和在此迎候的市文化局长黄振平、南通博物苑苑长王栋云、讲解员周燕等一一握手。刚迈上台阶，委员长就询问博物苑是什么时候建造的。梁书记回答说，新馆是2005年建成的，其前身是1905年张謇创建的博物苑。委员长接着问："老建筑还在吗？""还在，一会儿我们去看。"罗一民书记接口答道。

来到《江海文明之光》展陈大厅，委员长对南通的文明发展史很感兴趣，当看到橱窗里陶柄斧头的照片，就想了解是从哪里发掘出来的。罗书记亲自讲解道：这是海安青墩遗址发现的，距今天已经有5000年的历史，与江南良渚文化属同一文化时期。在国家二级文物铜质天妃像前，委员长详细地询问了藏品的历史。

当讲解员周燕向委员长介绍20世纪30年代日本丰田公司生产的纺织设备时，委员长则转过身来向北京来的随行人员说，南通是中国纺织工业的发祥地，近代纺织工业就是从南通起步的。随后罗书记指着英国曼彻斯特生产的纺织机器的标牌说，我们还有更早的，当时张謇从英国引进了先进的纺织机械。

在南通城的沙盘前，委员长认真地听，不时地问，轻松地与陪同人员交流。进入第二展厅，看到"扬州八怪"之一的李方膺以及电影艺术家赵丹的画作，委员长赞叹南通出了很多杰出的人才。讲解员讲到张謇引进国内外人才创办了南通比较完整的教育体系时，他仔细地观看每一件文物，赞不绝口。随后，周燕详细地向委员长介绍了南通进

步学生江上青、顾民元的情况以及江泽民同志为顾民元纪念活动的题词。看到南通的仿真绣、蓝印花布、风筝等国家非物质遗产展示，黄振平向委员长等领导补充说，仿真绣作品最近作为国礼赠送了美国现任总统奥巴马，委员长笑得很开心。一旁的罗省长听了情况介绍后，询问它的艺术特征和市场价格，表示仿真绣在今后可作为省政府的礼品。

冬日的阳光让人特别感到温暖，委员长走在博物苑历史文化保护区的石板路上，听着市委、市政府重视文化建设、特别是文物保护工作和文博事业发展情况的汇报，频频点头称许。当看到保存完好的博物苑早期南馆、中馆时，委员长十分赞许当年办博物苑时张謇先生的理念和做法。

走到濠南别业张謇铜像前，委员长和一旁梁书记、罗省长、罗书记、丁市长等讨论着张謇的生平，赞誉一个旧知识分子在国破家亡的时候，实现报国理想的勇气和坚毅。

从濠南别业南门上楼，在一楼大厅委员长听着介绍，感赞张謇平实的人生态度。张謇生平事迹展让人们更多地了解到这位清末状元不平凡的人生和同样不平凡的辉煌业绩：举办实业、兴垦植棉、倡导教育、兴盛文化。张謇在日本考察写的《癸卯东游日记》吸引了委员长的目光，梁书记幽默地说这相当于我们现在出国写的考察报告。随行的全国人大常委会内务司法委员会主任黄镇东是土生土长的南通人，他不时以自己和祖辈的经历，向委员长作补充介绍。委员长听了家诫石碑的介绍后，在张家留存的钢琴琴键上弹出了美妙的音符。在张謇书房，委员长还留下了自己的签名。

一路上，委员长精神都很饱满，不时与随行的

人员亲切交谈,肯定这几年南通文化建设的成就,特别是对文物保护的重视。

走出北门,排队等候的博物苑工作人员齐声向委员长问好。委员长走上前去与苑领导和工作人员一一握手,亲切的态度和随和的谈吐激起了一阵阵欢笑声和鼓掌声。一位女职工邀请委员长和大家留影,委员长愉快地和大家站在一起,照相机、摄像机把首长和干部职工笑在一起的情景真实地记录了下来。

临上车前,委员长微笑着伸出手,握着陪同的局、苑领导的手说:"谢谢。"这一声"谢谢"里,包含了中央对南通文化保护工作的肯定和赞许。

9点15分左右,车启动了,隔着车窗,委员长两次伸出手来,向送行干部职工亲切告别。

2009年5月8日、8月8日,中央政治局常委李长春,国务院总理温家宝都在南通考察期间参观了博物苑,这次全国人大常委会委员长吴邦国又前来视察。在短短的不到九个月的时间里,中央政治局三位常委连续到访南通,密集度之高,不仅反映出这个城市日益增长的魅力与活力,而且还有更重要的现实意义。那就是,在20世纪张謇创造南通近代辉煌后的又一个世纪初的10年,南通创造了新的发展黄金期,这个城市应当在中国文明城市的建设中再次起到示范作用。这是2009年底人文学者余秋雨研习了南通诸多资料,又实地踏访南通后,得出的一个新的判断。

而中央领导频频到访南通博物苑,我想起码说明了这样三点内容:一是党中央、国务院高度尊重历史文化,高度重视地方文化,身体力行推动历史文化与当代文明的有机结合;二是南通的文博工作经验、历史文化挖掘、特色文化建设有机结合,形成了"南通经验",引起了中央领导同志的关注,希望借此在全国传播"南通经验";三是南通市委、市政府领导在新世纪第一个10年率领全市人民,包括文化系统干部职工,在继承的基础上创建、创新了文化工作的内容和形式,弘扬传统文化,建设先进文化,其成就得到了充分肯定和高度评价,创有特色,劳有所获。

作为文化系统的干部职工,我们应当感到骄傲和自豪,这是历代博物苑人和今天的全市文博工作者的荣耀,也是文化系统全体干部职工、全市人民的荣耀。2009年底,市委、市政府已经研定了完成小康社会目标后向基本现代化进军过程中建设文化强市的目标。这一目标更加高远,更加令人向往。只有不懈努力,百尺竿头更进一步,创造新成就、新辉煌,才能不辜负人民的期望,才能不辜负党中央、国务院领导的嘱托,才能无愧于为我们创造文化大发展大繁荣机遇的这个时代。

新年伊始,各项工作正在开局,中央领导视察、检查工作无疑是巨大的动力。任重道远,我们应当倍加珍惜机遇,倍加努力工作!

略论海派艺术的历史传承与
曹用平先生的特殊贡献

沈启鹏

一、海上画派与吴昌硕

大凡同属一个地域或具有相同特质的一群人,常因其思想倾向、生活态度、艺术追求、风格技法的接近或一致,自觉不自觉地走到一起,自然而然形成流派。学术要"百家争鸣",艺术要"百花齐放",流派的形成是学术、艺术发展的一个规律,是文化繁荣的一个标志。

中国绘画史上曾经有过许多的流派,如南宋四家(李唐、刘松年、马远、夏圭),元四家(黄公望、吴镇、倪瓒、王蒙)、明四家(也称"吴门画派",沈周、文徵明、唐寅、仇英),清四僧(石涛、朱耷、石谿、渐江),金陵八家(龚贤、樊圻、吴宏、高岑、邹喆、叶欣、胡慥、谢荪),扬州八怪(金农、李鱓、黄慎、郑燮、李方膺、汪士慎、罗聘、高翔等)。近现代的流派还有海派、岭南画派、长安画派、新金陵画派等等。他们都对中国画坛产生了巨大影响,犹如一条长河流经的一座座景色独特而秀美的山峰。

清代花鸟画在乾隆时代以后日趋衰退。清末民初,在列强瓜分、国家破败的社会背景下,粗疏草率、纤弱僵化、几近病态的绘画已唤不起人们的审美热情。到了近代,在通商口岸上海,海派艺术奇峰突起,一改画坛格局。"海派"的三个代表人物任伯年、吴昌硕、赵之谦也称"清末三大家"。前期的任伯年长于勾勒,既能师古又有创新,中西融合,人物花鸟皆擅,能力极强,可惜在五十六岁时便英年早逝。后期的吴昌硕和赵之谦,皆善诗、工书、能印,以金石篆籀之趣入画,别开蹊径。特别是吴昌硕,诗书画印全才,注重气势"直追秦汉",讲求"拙、重、大",即藏巧于拙、浓墨重彩、大气磅

礴,为沉闷的画坛带来一股强劲而充满生机的空气。作为西泠印社第一任社长,他笔力苍简、古味盎然的大写意花鸟画已名播海外,在日本也受到推崇,我在日本和泉市久保物美术馆即亲见一批吴昌硕作品。这个画派的画家还有虚谷、蒲华、任熊、任薰等,群星灿烂、争奇竞艳。有人概括海派绘画的特征有"五性":继承传统、海纳百川是包容性;标新立异、锐意立新是开拓性;华洋杂处、融合中西是国际性;适应市场、满足需求是商业性;精益求精、雅俗共赏是艺术性。

二、吴派艺术与缶庐高弟王个簃

南通的绘画历来与扬州画派有着密不可分的关系。但到了清末民初,情况就发生了变化。实业家、教育家张謇先生以南通为实验基地,全面开创近代化建设,不仅文化、教育事业大大发展,还网罗了一大批文人学者及书画家,如王国维、陈师曾、李桢、沈寿、单林、王燕、诸宗元,赵子超、费范九等等,并建大达码头,购置大江轮,打通与上海的联系。

自张謇建成"中国近代第一城"的南通,20世纪前半叶,南通学子纷纷负笈求学。王个簃入海派吴昌硕门下,高冠华入浙派潘天寿门下,尤无曲得黄宾虹、陈半丁真传。革命文艺家徐惊百受徐悲鸿器重,又播下新兴木刻的火种。他们中的多数都学成归来,不断培养出一批又一批的学生,如赵无极、袁运甫、袁运生、范曾等。由此,南通的美术事业开启了接受全方位辐射、多元化发展的新局面。

张謇与吴昌硕曾互相仰慕、交友唱和。张謇与王个簃的一席谈话则促使王个簃舍弃了南通20

银元薪水的职务，1925年由李苦李引荐，投吴昌硕门下为入室弟子兼家庭教师。吴昌硕生命的最后5年，王个簃一直追随左右，耳濡目染。陈师曾于1923年早逝之后，王个簃成为吴昌硕的大弟子。因为王个簃从刻印攻书入手，全面继承吴昌硕的艺术精神，使吴派艺术得到了传承，并发扬光大。王个簃除了向西泠印社、上海画院、上海美术馆捐赠他收藏的吴昌硕画作，还将自己的作品和收藏吴昌硕的作品捐给家乡。个簃艺术馆建成20年来，已经成为了南通传承吴派艺术和促进学术交流的平台。

早在20年代，王个簃与刘海粟、张大千的作品即赴英国伦敦、德国柏林展出并获奖和入藏。他在上海美专、新华艺专、中华艺专、昌明艺专任教期间，培养了众多学生，陈大羽、程十发、曹简楼、刘伯年、黄葆芳、方增先都是他的弟子。吴昌硕的画"郁勃奇崛"，王个簃的画"烂漫浓华"，八十五岁后浑厚老辣、笔墨纵横、凸显个性。他全方位继承了吴昌硕的艺术传统并形成自己的面目，又有突破和创新，题材有很大扩展，书法进入化境。如《美术》杂志执行主编尚辉评论，"王个簃先生的艺术成就就是以金石笔法入书画，以花鸟画法画山水，以诗文修炼养浩气，以生活观察开新意"，体现出"我们这个时代一种激越、一种抒情、一种高昂的审美品格"。确实，"如果没有王个簃先生，海派艺术的影响不会有今天这么深远"。

三、海派艺术与第三代传人曹用平

曹用平先生八岁临帖，十七岁拜王个簃为师，每周求教一次风雨无阻，追随王个簃64年，可谓缶翁再传弟子中的佼佼者、"吴门嫡传"、"吴派推手"。如程十发题词"三世气不泄"，三代相传，精神不变。一个流派的形成和发展需要几代人的艰辛努力，曹用平先生的毕生努力，为吴派艺术的传承作出了杰出的贡献。

翻开《曹用平艺术人生集》，艺术家对待艺术与人生的态度皆令人感动，程十发先生的评论十分中肯："用平画师孜孜于画桌上，而待人接物平易中具质朴淳风，对艺术不图功利，真正达到从肺腑中出。"纵观曹先生的一生，我觉得他有两个可贵的精神：

第一，尊师重教、衣钵真传。吴昌硕"三十学诗，五十学画"，以金石书法入画；王个簃从印入手，诗、书、画并举；曹先生秉承师训，诗书画印齐修，厚积薄发、闳中肆外。这是传统文人画的正道。曹先生重师恩，"文革"中曾代老师写"检查"，让女儿望风。后来曹先生又废寝忘食地帮助师长整理文稿，出版诗集和"随想录"，抢救了弥足珍贵的研究史料。老师对学生也是情同手足、形如父子，从王个簃劝戒烟、给曹用平病中长信可见一斑。早在1957年曹先生的作品即在全国青年美展获奖，80年代后又在上海、南京、南通等国内城市以及美国、日本、比利时、荷兰几个国家频频举办个展或联展，扩大了吴派艺术的社会影响力。

第二，敦品力学、做人第一。王个簃曾在吴昌硕先生诞辰140周年时撰文，题为"敦品力学，继往开来"，指出吴昌硕之所以成就非凡，来自于敦品力学，特别是敦品。还时时勉励曹先生"勤修苦练"、"奋心前闯、全力进修"。曹先生始终谦虚谨慎、困知勉行、刻苦研习。他是一位非常重情重义的人，对母亲和其他亲人乃至家乡父老都时怀感恩之情。他与夫人相敬如宾，取画斋名"革非楼"，以念夫人相濡以沫之情，同时也存艺术革新之意。每逢王个簃先生的诞辰日、逝世日以及个簃馆的5年、10年、20年庆典，曹先生总能从上海邀来一大批名师大家，既出于对老师的感恩与怀念之情，又可从旁看出曹先生为人亲切，具有广泛的影响力和号召力。所以程十发说"曹用平为人为艺都是第一流"不是凭空而来。

曹先生为家乡做了许多好事、善事，1987年为建个簃艺术馆热心奔波、联络（我曾分管个簃馆），1992年为让赵丹魂归故里，建丹亭树雕像一事也是由曹先生促成，当时我也曾参与讨论和建设工作。曹先生还曾参与安排接待通州籍四甲坝人姜体臣老先生回乡，并联络捐资兴建"南通体臣卫校"。他精心辅导、提携吴派第四代传人施作雄等，使吴派艺术在南通生根发芽，又先后为个簃馆10周年捐画50幅，奖金5万；向通州捐画120幅，奖金10万元；多次为抗癌、慈善活动捐画捐款；此次又向市博物苑捐画40幅。从曹先生自撰联语："真诚一生嫌善少，平安两字至乐多"中，即可体会到他的坦荡襟怀。

独树一帜：南通文博事业大发展大繁荣的回顾与思考

王倚海

南通是滚滚长江和滔滔黄海共同造就的城市，成陆历史不长，建城历史仅千余年，但追溯到新石器时代的青墩遗址，南通的远古文明则与中华民族五千年文明一脉相承。南通的文博资源不算丰富，在江淮文化与吴越文化的激荡下，在漫长的渔猎与煮海的征程中，南通人民创造了灿烂的江海文明。1905年，近代著名实业家、教育家张謇先生借鉴西方博物馆理念，创办了中国第一个公共博物馆——南通博物苑，中国的博物馆事业即在南通起航。

南通全市现有各级文物保护单位212处。其中包括全国重点文物保护单位南通博物苑、水绘园、青墩遗址等6处，江苏省文物保护单位广教寺、濠阳小筑等24处，南通市文物保护单位文庙、文峰塔等50处，各县（市）级文物保护单位如三门闸水利工程等132处。全市有博物馆近30座，其中市区23家，收藏文物6万多件。蓝印花布印染技艺、板鹞风筝制作技艺等6个项目被列入国家级非物质文化遗产名录，吕四渔民号子等11个项目被列入省级非物质文化遗产名录，海安花鼓等39个项目被列为市级非物质文化遗产名录，吴元新、郭承毅等4人被公布为国家级非物质文化遗产保护项目代表性传承人。

一、先知践行——于无声处听惊雷

博物馆是西方近代社会发展的产物。它被视为反封建、反愚昧的一种进步的、有力的文化形式。19世纪末、20世纪初，在向西方学习的过程中，不少中国人通过不同的途径把博物馆介绍到中国。1895年，维新派建立的强学会提出"四项要务"，其中就包括建设博物馆。梁启超在《论学会》中写到，"欲振中国，须兴学会"，而学会有16件大事要办，其第12项就是"开博物院"。

尽管偏居江海一隅，但实业有成的张謇始终关注着社会的剧烈变迁，并竭力主张开办新式学校和博物馆，以启迪民智。特别是1903年的日本之行，给张謇留下十分深刻的印象。那年，日本第五次内国劝业博览会在大阪举办。应邀与会的张謇同时对其教育和实业进行考察，他发现，日本很多的职业技术学校，或是高等学校，都附设有自己的植物园或博物馆。张謇眼界大开，不禁发出感慨："救亡图存，舍教育无由。"

归国后，张謇分别投书清政府新成立的学部和倡议新学的张之洞，建议在京师设立帝室博览馆，并"渐推行于各行省"。在遭到清廷的冷遇之后，他索性躬行实践，把在家乡规划建设中的植物园一举改为博物苑。

1906年1月3日，张謇在日记中提到"规划博物苑"，这是有关南通博物苑的最早文字记录。事实上，博物苑的创建不能简单地从这一天开始计时，因为在数月前，张謇已"筑苑垣，建苑表门"，只不过那时不流行奠基等仪式，未留下更确切的记录而已。

张謇执意创办博物馆，与他"教育救国"的理念密切相关，他认为，博物馆具有利用实物来培养人才的作用。因此，教育功能在博物苑的建设中得到最充分的体现，例如在为苑内藏品分类时，张謇特意改变原定分成天产（自然）、历史和美术的设置方案，另行增加教育部类，由此可见其对教育的重视。

除去对博物馆教育功能的精到论述外，张謇在其他方面也多有深入的思考和阐述。如今，人们公认他是中国博物馆事业的开创者,不仅是指他缔造了一座具体的南通博物苑,而且包括他对中国博物馆学的理论构建。这些论述直到今天仍有非常积极的意义。

通过对早期博物苑的回顾,我们就能在许多方面印证张謇的博物馆理念。张謇在上书张之洞时曾提出,博物馆应当"便于交通",并且展馆之间"间设广厅,以备入观者憩息",防止出现"博物馆疲劳"。在建设时,张謇果然把博物苑设立在风景优美的濠河之滨,并且广植花木,安排有假山以及亭台楼阁等园林设施,形成一个既是博物馆又兼具动植物园及传统园林性质的组合。现代博物馆与古典园林相结合,室内陈列与室外活体展示并举,应是张謇的一个创举,他使中国博物馆事业在开创伊始就显示出自己的特色。

张謇深知文物是博物馆的基础,于是毫不犹豫地率先捐出自己所藏,而后于1908年刊印启事,广泛征集藏品。1910年,南洋劝业会在南京举办时,张謇利用大会审查长的身份,大量购置展品,从而大大丰富了博物苑的收藏。到1914年,博物苑已初具规模。

南通博物苑的早期主要任务是配合学校教育,同时也接待知识分子和中上层人士。在张謇的努力下,南通成为"模范县",更使博物苑吸引了不少著名学者和国外友人前来参观。1920年,京剧表演艺术家梅兰芳在张謇陪同下参观博物苑,同年由张謇、黄炎培发起的江苏省自治组织"苏社"在南通成立,与会会员和来宾120余人游览博物苑。1922年,中国科学社在南通召开第七次年会,马相伯、梁启超、竺可桢等学者名流畅游博物苑,盛极一时。

二、明珠蒙尘——万马齐暗究可哀

1922年秋季南通一带的连续暴雨,似乎是一个黑色的征兆,它不仅给田头待收的棉花带来毁灭性的灾难,也为原本兴盛发达的南通罩上一层挥之不去的阴影。列强经济侵略加剧、国内政局动荡、纸币信用丧失酿就的金融风暴,将支撑张謇事业的大生企业集团拖入困境。尽管张謇以顽强的意志探求生路,但终因满目荆棘而举步维艰,博物苑在这种状况下的命运可想而知。

1926年,张謇与世长辞,博物苑的前景愈发变得难以预料。张謇去世之后,张孝若继承了父业,他颇有才能,但毕竟受命于非时,在国内棉纺业普遍危机的大势面前,任何人也难以回天。南通博物苑由于缺少资金支持,犹如一叶不系之舟。因为经费不足,加之苑丁裁之又裁,1932年11月,博物苑发生一起重大失窃案,南馆陈列的古玉器、瓷器、铜器等80余件文物被盗走,此事直接导致原苑主任和会计的辞职。为吸取教训,防止此类事件的再次发生,在财力极为困难的情况下,张孝若拨出专款对南馆进行了大修。

1938年,日军侵占南通。在沦陷前,博物苑组织人力从南馆挑选文物50余件,从北馆选取书画、绣品43轴,悄悄移存农村,次年转存上海金城银行保管。但是,博物苑遭到日军的严重破坏,藏品大部分被劫或被毁坏,机构不复存在,房屋残破,园圃荒芜,室内设备及花木、鸟兽荡然无存。濠南别业被占用为"大日本军南通警备队本部",苑舍沦为日军的马厩。最令南通人刻骨铭心的是,日军竟把一只丹顶鹤射杀,煮以下酒。据说另一只也因此绝食悲鸣而死。人们把丹顶鹤之死看做一种象征,反映者侵略者的暴行和不甘臣服者的愤怒抗争。

1945年抗战胜利,其时的博物苑已然满目苍凉。然而,博物苑的遭遇并未引起国民党当局和社会的重视,不仅没有及时修复,反而继续肆意破坏。所幸的是,保存在金城银行的文物大致完好,只是部分字画因藏运不当而受潮烂毁。

三、艰难复兴——铁马冰河入梦来

1949年2月2日,南通城解放。同年9月,在南通市第一届各界人民代表大会上,范北强、顾贶予等8位中教界代表以"促进教育文化事业,保存有历史纪念性的文化艺术"为由,提出《恢复博物苑》的提案,要求"就原有博物苑房屋修理使用,调查并收回原博物苑的各种陈列品,号召人民献出家藏的文化艺术的书籍和物品"。

在人民代表的倡导下,文物征集整理委员会成立,准备南通博物苑修复工作。在那百废待兴的时期,南通人有着如此高度的见识,无疑是博物苑的幸事。会议之后,各界集资2.7亿元旧币,对各馆及园林道路进行整修,到1951年,修建工程基本结束。同时,博物苑改称南通博物馆,园林部分辟为人民公园,这样原来统一的博物苑分拆成两个单位。

1956年5月,文化部副部长郑振铎在全国博物馆工作会议的开幕词中指出:"中国博物馆事业的历史并不太久,第一个公共博物馆,除了帝国主义者们在沿海地区所办的几个外,要算是张謇他们办的南通博物苑了",这就为博物苑在中国博物馆事业发展史上地位的确立奠定了基础。但特定的时代免不了反复折腾,几经撤并没能给博物苑带来多大起色。尽管如此,博物馆在广大博物馆工作者的努力和社会各界的支持下,仍得以在艰难的社会环境中坚守阵地,有所作为。

十年动乱再次使博物苑陷入困境。博物馆的业务不仅全面停顿,而且露立在馆内的石人石马被造反派的铁锤毁坏殆尽。为了减少损失,工作人员想尽办法,如镶嵌在北馆后壁的张謇题"博物苑"三字砖刻,就是暗自用三合泥盖住而侥幸保存下来的。

1979年中秋,中国自然科学博物馆协会的筹备会在南通召开,来自全国58家自然科学博物馆、各省博物馆自然部和部分新闻单位的68名代表参加了这次会议。这是一次在博物苑发展史上具有里程碑式意义的大会,因为南通博物苑的重要地位得到来自全国的各博物馆专家的确认,大家一致倡议,齐心协力办好中国第一座公共博物馆。

会议共开了五天,与会专家和代表的讲话和发言及题词中对博物苑给予较高的评价。中国科协副主席裴丽生说:在南通开会很有意义,会址选得好。他还说:各个馆要协助南通,把南通馆搞得更好些。著名人类学家裴文中先生在参观南通博物苑时挥笔题词:"中国第一博物馆,是最有价值的珍宝。"中国科协书记处书记孙照寰留言说:"看到这个博物馆的实际情况之后,更使人感到为我国博物馆工作者和南通人民骄傲。"

国家文物局博物馆处吕济民处长(后任国家文物局局长)则对博物苑的保护和利用等问题提出要求:博物苑原有的建筑设施要保护好,以存其原貌;博物馆要同人民公园团结协作,相辅相成,共同保持原博物苑的特色。将来条件成熟,两单位可以合并,恢复为博物苑。与会代表还借机提出了利用南通优秀的纺织资源,建设纺织博物馆

的设想,引起良好的反响。

四、盛世抉择——千树万树梨花开

城市的灵魂在于文化,文化是城市的魅力所在。基于这样的认识,在新一轮的城市发展中,市委、市政府把"传承第一城精神,再造新世纪辉煌"作为城市规划的指导思想。环濠河博物馆群的建设可谓为南通城立根铸魂的点睛之笔。

2001年,新世纪的第一年,市委、市政府果断决定进行濠南路改造。当年7月,工程竣工,一批昔日被违章建筑湮没、具有深厚文化底蕴的建筑以崭新的面貌出现,尤其是尘封已久的南通博物苑重放异彩。同年岁末,北京大学中国区域经济研究中心在其精心编撰的《江苏省旅游发展总体规划》中,对南通的旅游业作出历史性定位:博物馆之城——南通之旅。着眼于南通丰富的文博资源,专家为南通勾勒的"博物馆之城",正与南通市委、市政府的想法不谋而合。

2002年1月19日,时任市长的罗一民在《南通日报》刊载的署名文章《遥望博物馆之城》一文中作出批示:"关于'博物馆群'的建设问题,有关方面需要进一步深入研究论证,制订可操作的实施方案。"3个月之后,在征求各界意见的基础上,市发改委向市政府提交《开发建设"环濠河博物馆群"的初步实施方案》。

同年7月27日,应南通博物苑之邀,两院院士、清华大学教授吴良镛先生规划建设新展馆。因越江不畅,吴先生较晚到通,未及入住,直接驱车连夜察看博物苑。第二天一早,他再次来到博物苑,仔细听取工作人员讲解,不时加以提问。参观博物苑后,他还深入西南营和寺街等历史街区考察,登上钟楼遥望长江。中午,市长罗一民在南通大饭店会见吴先生,吴先生则将心中的话题和盘托出:根据中西近代建筑规划史研究,张謇先生经营南通的起点为1895年,比西方建筑规划师霍华德规划的西方近代城市要早3年,南通堪称"中国近代第一城"。

2003年1月13日,市委书记罗一民在京参会时,专程拜访吴先生,了解博物苑新馆设计情况。吴先生展示新馆设计草案时,饶有兴致地论及"中国近代第一城"的概念。他指出,经过"大胆假设"、"小心求证",南通——"中国近代第一城"获

得初步的诠释:"张謇经营之南通,是中国早期现代化的产物,它不同于租界、商埠或列强占领下发展起来的城市,是中国人基于中国理念,比较自觉地、有一定创造性地、通过较为全面的规划进行建设和经营的第一个有代表性的城市。"

3月15日,市委、市政府在清华大学召开"南通博物苑总平规划、新展馆设计方案论证会暨'南通——中国近代第一城'"座谈会,国内各大媒体纷纷予以报道。会上,吴良镛先生正式推出他的最新研究成果《张謇与南通中国近代第一城》。

同年3~5月,《南通日报》以《让南通"中国近代第一城"大放异彩》为总标题,连续推出连续多期专版,研究、论证、推介"中国近代第一城"。

2003年和2005年,在第十二届人大一次、三次会议上,王倚海等人大代表提出的《关于精心打造"中国近代第一城"的议案》、《关于以"百年苑庆"为契机,推进我市文博事业再上新台阶的议案》被列为会议的一号议案和唯一的一个议案,推进了"中国近代第一城"的论证和中国博物第一馆的建设。

2005年7月16日,国家邮政局发行"南通博物苑"特种邮票1套2枚,票面图案为南通博物苑历史建筑南馆和北馆。当天,由国家邮政局主办,江苏省邮政局和南通市政府承办的南通博物苑邮票首发式在南通博物苑举行。邮票是"国家名片",地方题材登上国家邮票票面非常不易,一个地方博物馆荣登全国发行的特种邮票票面,在国内尚属首次。

2005年9月24日,"南通博物苑一百年暨中国博物馆事业发展百年庆典活动"由中华人民共和国文化部、国家文物局、江苏省人民政府联合主办,江苏省文化厅、南通市人民政府、江苏省文物局、中国博物馆学会、中国自然科学博物馆学会协办。南通博物苑一百年暨中国博物馆事业发展百年纪念大会,中国博物馆事业发展百年展览和"博物馆与城市发展"中外博物馆馆长高层论坛等。

中共中央政治局常委李长春同志为纪念大会发来贺信,向大会表示祝贺,希望南通博物苑继往开来,加快发展,再创佳绩。全国政协副主席张克辉、文化部部长孙家正、国际博协主席亚历山德拉库敏斯等来自世界各地的300多位文博界人士出席会议。通过南通博物苑一百年暨中国博物馆事业发展百年庆典纪念大会,海内外更多的人了解到南通博物苑与中国博物馆事业的百年发展历程,了解到张謇先生对中国博物馆及其相关事业所作的重要贡献,了解到中华民族博大精深的传统文化,推进了新时期博物馆事业崭新的发展历程。

2008年4月2日,中国首家国家审计博物馆——中国审计博物馆在南通开馆。该馆筹建得到中宣部,财政部,国家文物局,江苏省委、省政府的大力支持,由中国审计学会、江苏省审计厅与我市共同建设。全国政协副主席李金华,国家审计署审计长刘家义,全国政协常委、中宣部原副部长高俊良,中共江苏省委常委、常务副省长赵克志,国家文物局副局长张柏等领导出席开馆典礼。中国审计博物馆是迄今为止唯一以国家审计为主要内容的专题博物馆,也是世界上第一家国家审计博物馆。

2008年5月18日,国家文物局公布第一批83所国家一级博物馆,江苏省共有5家博物馆榜上有名,南通博物苑作为中国第一博物馆光荣入选。

在环濠河博物馆群中,南通博物苑是最为璀璨的一颗明珠。目前,博物苑的藏品已达4万余件,通过出版苑史专著、创办苑刊、展陈出新、服务优质等一系列活动,博物苑的知名度和影响力不断巩固、提升。尤其值得自豪的是,中国博物馆事业百年庆典在南通举办,更对全市文博事业的大繁荣、大发展产生了巨大而深远的影响。

近年来,除市政府投入兴建的张謇纪念馆、南通博物苑新展馆、中国南通珠算博物馆、梅欧阁纪念馆外,社会资金以多种形式投资举办了一批规模、影响较大的博物馆,如南通城市博物馆、中国体育博物馆南通馆、南通风筝博物馆、南通板鹞风筝艺术博物馆、南通长寿博物馆、南通中国上市公司实物股票收藏馆、蓝印花布艺术馆等,从而有力地推动了文博事业的蓬勃发展。一个由政府为主导,多元投入的"环濠河博物馆群"基本形成。

如今的濠河两岸,文气沛然的博物馆群已初具形态:张謇故居——濠南别业南侧,新展馆拔地而起,与历史文化保护区交相辉映。北濠桥畔,珠算博物馆奏响算盘的玉润金声。濠东绿地边,蓝印花布艺术馆演绎着蓝白世界的魅力。目前,南通已拥有近30家博物馆，市区每4万人拥有一座博物馆，已接近发达国家人均博物馆数。博物馆群的人文风情和濠河的宜人风光相得益彰，共同张扬着"中国近代第一城"的个性与魅力。

五、跨越腾飞——为有源头活水来

改革开放以来，我市的文博场馆从孤悬苍穹、形单影只，到品种繁多、门类齐全、遍及全市。文物保护单位从简单处置、一般修缮，到合理规划、科学保护以至蔚成气候绝不是偶然的。

（一）历史传承，是文博事业大发展大繁荣的基础

近代博物馆诞生于欧洲，它是欧洲近代社会改造中的产物。任何国家引进这种文化形式以服务自己，都存在一个本土化的问题。只有与自己的文化、自己的国情相结合，才能得以生存和发展，才能实现它特殊的文化价值。张謇办的南通博物苑与南通本土的近代化改造，与中国社会近代化改造紧密地联系在一起，有着天然的血肉关系。

张謇创建博物苑开风气之先，促进了其地方文化事业的发展，地方文化事业的发展培养了一批地方优秀文化人才，促进了民众科学文化素质的提高。在外敌入侵和内乱中，正是由于张謇所培养的一批地方名流、社会贤达的奔走呼号，所熏陶的学校师生、广大民众艰苦努力，博物苑才得以逐步恢复并发扬光大。

张謇办实业、兴教育，留下了一批优秀的文化设施，尽管历经风雨，有所凋零，但仍立于南通。如果南通博物苑和张謇所创办的企事业单位的建筑得不到保存，"中国近代第一城"和"中国第一博物馆"只能留在深深的记忆中，或许根本就没有今天人们津津乐道的这一宝贵遗产的可能性，更遑论什么再创辉煌！

（二）制度建设，是文博事业大发展大繁荣的关键

《中华人民共和国文物保护法》是文物保护工作的根本法规，是文物工作统一认识的基本依据，是规范政府、社会团体和公民行为的法律准绳。从1983到2005年，市政府先后4次公布我市50个文物保护单位，颁布了《南通历史文化保护规划》、《南通市市区历史街区和优秀历史建筑保护暂行规定》，将文物保护纳入法制轨道。与此同时，全市投入数亿元，修复、修缮各类文物建筑，并依托社会力量新建了一批新的博物馆。

在妥善处理文物抢救、保护与经济、社会发展需要的关系时，积极探索保护前提下的利用，科学、合理地发挥文物对弘扬民族文化的重要作用。在文保单位的抢救与保护方面我们也做了不少工作。1987年以来，全市投入3000万元，修复、修缮各类文物建筑30多处。对使用名人故居、古建筑而难以一时迁出的单位和个人，我市要求其与文物管理部门签订使用合同，对其提出严格的文物保护要求。为有效保护我市丁古角明代住宅，经省政府同意，并报国家文物局批准，我市对6间民居进行了异地搬迁。

我市在80年代修建市区主干道青年路时，成功地避让了南通制药厂内近代优秀建筑物。1991年的特大洪涝灾害引起狼山塌方，市级文物保护单位白雅雨烈士墓局部受损，我市及时组织人力、物力修复了烈士墓。1992年，我市筹集资金30多万元，维修了天宁寺大殿，1997年，又筹集资金50多万元，维修了光孝塔，恢复了其宋代风貌。如皋博物馆（水绘园）、海安博物馆（韩国钧故居）、如皋文庙大成殿等省级文物保护单位也在省市有关方面的关心和支持下得到了保护性的维修。

（三）科学发展，是文博事业大发展大繁荣的保证

随着全市经济与社会的快速发展和全面进步，我市文博事业也进入了飞速发展的快车道。如何减少发展中出现的问题，推进博物馆良性健康发展是较为急迫与现实的问题。科学的理论指导科学的实践。新时期的科学指南就是科学发展观，是我们事业发展的理论保障。当代社会可持续发展的要求，以人为本、人与自然和谐的思想，全面、统筹、协调发展的理念，对传统的博物馆学理论，运行与管理模式和建设方向都提出了新的要求。濠河历史文化保护区的保护与开发工作就是科学发展的例证。

濠河是南通旧城的护城河，周围密布着南通博物苑、濠南别业、沈寿艺术馆、文峰塔等文物保护单位。新中国成立前后的一段时期，由于缺乏合理规划和整治，两岸不少污染较大的工厂和违章建筑相继建立，并有大量的生活垃圾倾倒其中，

导致河水污染、河床淤塞,文物保护单位也不同程度地受到侵蚀和威胁。经过不断整治、开发、建设,濠河水不仅恢复了往日的清冽,而且周围景色更美。我市先后搬迁了有污染源的工厂和车间22个,拆除了违章建筑12万平方米,清淤28万立方米,修建桥闸、泵站5座,从根本上改善了濠河水质。

与此同时,我市辟建了电视塔、纺织博物馆、沈寿艺术馆、张謇纪念馆、濠东生态绿地、文峰公园等20多个新景点,并开辟濠河沿岸林荫道近20公里,濠河沿岸充满了文化气息。狼山周边环境整治情况也是如此。经过整理过的濠河、狼山人文景点与自然风光相映生辉,成为南通的城市"名片"。

(四)媒体推介,是文博事业发展繁荣的动力

长期以来,各级新闻媒体十分重视对文博事业的跟踪报道,博物馆人也经常借用媒体的力量传播知识。如,我市的老报纸《通海新报》就经常刊发博物苑的启事,解释天体气象、动植物异趣,普及科学文化知识。抗战时,《东南日报》刊发任哲维先生的文章《博物苑》:"蝗军离开后的'博物苑',建筑十有八九,被破坏不堪,瓦片狼藉",揭发侵略军的罪行,呼吁社会各界保护、建设博物苑。改革开放以来,特别是进入新世纪后,随着"中国近代第一城"的论证与推介和博物苑百年苑庆的临近,我市新闻媒体长期跟踪报道。

2003年3月15日,"南通博物苑总平规划、新展馆设计方案论证会暨'南通——中国近代第一城'"座谈会在清华大学召开,国内各大媒体掀起了"中国近代第一城"的报道热潮。在3到5月间,《南通日报》以《让南通"中国近代第一城"大放异彩》为总标题的多期专版更使"中国近代第一城"的新闻宣传达到前所未有的高度。南通电视台则主动约请博物苑,联合制作《藏品的故事》专题纪实片,分集连续播出。中央电视台CCTV-10"探索发现"栏目推出《百年博物苑》专辑,专题介绍南通博物苑。新闻媒体在第一时间传递博物苑的信息,激起群众爱国爱家乡的情感。

回眸历史,我们无比自豪,因为是南通文博事业鸣响了中国近代文明的汽笛,构筑了一座感动中国的文化丰碑。展望未来,我们任重道远。在跨越发展、科学发展、和谐发展的时代征程中,文博事业的巩固与发展,传承与创新只有付出不懈的努力,才能续写华章、再创辉煌。

论遗产的双重属性和非物质遗产的博物馆保护

赵明远

一、非物质文化遗产和博物馆

对于文化遗产保护学科而言,非物质遗产(Intangible heritage 又译为无形遗产)一词与"文物"、"古迹"等词汇相比是一个非常年轻的术语,它的正式出现才过了十余年。

1972 年,联合国教科文组织制定的《保护世界文化及自然遗产公约》(简称《世界遗产公约》),规定的文化遗产概念中有文物、建筑群和遗址三大类遗产的分类,公约中所说的文化遗产仅仅是指物质遗产。1997 年 11 月,联合国教科文组织 29 届大会通过了建立"人类口头与非物质遗产代表作"的决议,正式提出了非物质遗产这个概念。1998 年《人类口头和非物质遗产代表作条例》的公布和 2001 年首批世界人类口头和非物质遗产代表作的公布,在全世界产生了轰动效应,我国的昆曲艺术名列其中,这推动了"人类口头和非物质遗产"的中文译名进入我国文化遗产保护的学术领域。

"非物质遗产"这一术语一经出现,便成为国际博物馆学界高度关注的新课题。2000 年在德国慕尼黑召开的国际博协博物馆学委员会年会就将"博物馆与无形遗产"作为讨论主题;2002 年在中国上海召开的国际博协亚太地区大会也将"博物馆与无形遗产"作为主题,并通过了以"博物馆、非物质遗产与全球化"为主题的《上海宪章》;2004 年在韩国汉城召开的国际博协代表大会仍将大会主题确定为"博物馆与无形遗产",并将当年 5·18 国际博物馆日的主题也定为"博物馆与无形遗产"。在国际博物馆界的大力倡导下,国内外众多的博物馆和文化、艺术方面的学者曾针对"博物馆与无形遗产"这一主题发表了大量的论述。

以国际博协亚太地区上海会议为标志,中国的博物馆学界迅速与国际学界对接,率先开始了"非遗"保护的理论探索和实践,至 2004 年 5o18 国际博物馆日前后,《中国文物报》、《中国博物馆》等报刊杂志已发表了大量学术文章,课题涉及非物质遗产保护中博物馆的地位、责任、作用以及方法。一批展示工艺、戏剧、民俗、民族特色等内容的传统类型博物馆及新型的生态博物馆,在"非遗"保护方面取得了丰硕成果,产生了国际影响。中国博物馆界积极投身于这一新兴的文化遗产保护事业,体现了中国博物馆发展的高度自觉。

2007 年 8 月 24 日,国际博物馆协会全体大会通过了新的《国际博物馆协会章程》。章程修订的博物馆最新定义是:"博物馆是一个为社会及其发展服务的、向公众开放的非营利性常设机构,为教育、研究、欣赏的目的征集、保护、研究、传播并展出人类及人类环境的物质及非物质遗产。"[①]定义将非物质遗产保护正式列入博物馆的功能中,更明确规定了博物馆担负着保护"非遗"的职责。

二、"物质"与"非物质":遗产的双重属性

2003 年 10 月,联合国教科文组织 32 届大会通过了《保护非物质文化遗产公约》,2004 年 8 月我国加入《保护非物质文化遗产公约》,成为第 6 个签约国。2005 年 3 月国务院颁布了《关于加强我国非物质文化遗产保护工作的意见》,继之,2005 年底国务院下发了《关于加强文化遗产保护的通知》,从此,"非物质文化遗产"这一外来词语正式进入中国官方语言,并进而成为当前中国文化语汇中最为流行的关键词之一。此后中国的物质和非物质文化遗产保护工作有了明确的政府部

门分工,物质遗产工作继续归属国家文物行政部门,非物质遗产工作则归属在国家文化行政部门新设立的"非遗"工作职能部门。与非物质文化遗产保护的各种活动日益活跃相比,中国的博物馆却逐渐淡出了"非遗"保护的中心,这也许是因为其处于"非遗"保护行政体系之外,同时可能也是人们对博物馆"根本的共同点就在于它的实物性"这一共识使然。

然而,将文化遗产划分为"物质"与"非物质"绝非遗产本身就有这样的天然类别,一项具体的遗产,通常同时具有物质与非物质双重属性。科学认识这种双重属性,对于文化遗产的科学保护以及保护主体的选择有着重要意义。

(一)物质文化遗产的非物质属性

《世界遗产公约》中规定,凡提名列入"世界遗产名录"的文化遗产项目,必须符合下列一项或几项标准方可获得批准:

1. 代表一种独特的艺术成就,一种创造性的天才杰作;

2. 能在一定时期内或世界某一文化区域内,对建筑艺术、纪念物艺术、城镇规划或景观设计方面的发展中,产生重大影响的作品;

3. 能为一种现存的或为一种已消逝的文明或文化传统提供一种独特的至少是特殊的见证;

4. 可作为一种建筑或建筑群或景观的杰出范例,展示出人类历史上一个(或几个)重要阶段;

5. 可作为传统的人类居住地或使用地的杰出范例,代表一种(或几种)文化,尤其在不可逆转之变化影响下变得容易毁损的地点;

6. 与某些具特殊普遍意义的事件或现行传统或思想或信仰或文学艺术作品有直接或实质的联系(一般情况下,此条标准不能单独成立)。

"在以上鉴别标准中,很明显地纳入了对遗产的'非物质'文化(或艺术)的评价标准。在'独特的艺术成就'、'创造性的天才杰作'、'建筑艺术'、'文明与文化传统的特殊见证'、'与思想信仰或文化艺术有联系'等表述中,指的正是那些文物、遗址、建筑群所承载的'非物质'文化的价值评估。"②非物质形态的价值都寓于物质形态之中,成为物质遗产价值评判的重要标准,这就是物质遗产的非物质属性。

我们试以"鼎"这样一种常见的器物为例来说明。"鼎,三足两耳,和五味之宝器也。"③作为食器的鼎,进入青铜时代后成为最常见的表彰与记录功绩的礼器,更被视为传国重器、国家和权力的象征,包含了丰富的精神价值。鼎所承载的非物质文化属性包括两个方面:一是与制造相关的工艺、技术、规范等,二是与功能相关的礼仪、典章和权力象征等,后者则更有深刻内涵,"鼎"即因后者而成为"鼎"。类似鼎这样的青铜时代的器物,是一定社会历史的产物,它原本所承载的非物质文化信息已经随着时间的推移和历史环境的逝去而逐渐消失——尽管我们可以通过考古发现和科学研究来追寻甚至部分还原那些逝去的信息。所以此类文化遗产的主要性质是物质性的,被归于物质遗产。

我们再以世界文化遗产故宫为例,"紫禁城是中国五个多世纪以来的最高权力中心,它以园林景观和容纳了家具及工艺品的9000个房间的庞大建筑群,成为明清时代中国文明无价的历史见证"。世界遗产组织的评价着眼于古代建筑杰作,宫殿建筑瑰宝和珍稀文物宝库的主体意义,然而故宫所蕴含信息和价值岂止如此。故宫是明清两代的皇宫,24位皇帝相继在此登基执政,前朝后寝,是其主要活动场所,是中国最高权力中心、政治和文化中心,国家政治运行和皇室生活的一幕幕活剧在此上演了近500年,其间包含着难以尽数的典章、礼仪、程式和禁忌,显示着帝王权威的神圣和神秘,统治着亿兆臣民的心灵。然而随着王朝的覆灭,那些非物质形态的皇权与宫廷礼制也随之消失,只有依附于这座宫廷建筑群的皇宫建筑营造术,作为非物质文化遗产被人们研究并保护。可以设想,故宫内曾经有过的任何一项皇家礼仪或者宫廷艺术,无论是皇帝临朝理政的程式,还是各种皇家典礼、舞乐等等,都可以成为非物质文化遗产的保护项目,如同联合国教科文组织已公布的"人类口头和非物质遗产代表作"中韩国"宗庙祭礼"、"雅乐——越南宫廷音乐"、"柬埔寨皇家舞剧"一样。然而故宫曾经拥有的大部分"非遗"都已经随着时间消失。

(二)"非遗"的物质属性

关于非物质文化遗产物质属性的理解,首先可以从其物质载体、生成物、介质来考察,例如,作为"人类口头和非物质遗产代表作"的昆曲,它的演出剧场、舞台、布景、道具、服装、伴奏乐器以及剧本曲谱，还有各类介质的音影记录、文献资料，这些物质载体皆构成了其物质属性。不仅如此，在一个特定的昆曲表演场所，角色在台上的表演与看客在台下的观赏，共同构成了一个表演与欣赏相互依存的空间。这一空间和其中的人及一切器物也共同构成了这一非物质文化遗产的物质载体，其中的灵魂是角色的表演。失去了表演与鉴赏的空间，此项"非遗"就将变异。因此更应从"空间"来认识"非遗"的物质属性。

再以另一项"人类口头和非物质遗产代表作"——古琴艺术为例。古琴艺术是中国历史上渊源久远的一种器乐形式，韵味含蓄、虚实相生、讲求弦外之音、空灵意境。古琴自古是文人自我陶冶的一种雅好，所谓君子乐不去身，君子和琴比德，唯君子能乐等说法，皆融审美追求和道德追求为一体。古琴很少在公众场合演奏，只是文人雅集的内容，古琴艺术所拥有的物理空间应是文人雅集的场所，只有在这样的空间里，才能体现其高雅的韵味。古琴艺术的物质性，不仅体现于古琴乐器本身，更应体现在文人雅集的特定空间。现在展示古琴艺术时，热衷于在广场、剧院这样的空间，而事实上其作为"非遗"特征的韵味在这样的空间里已损失大半。

（三）双重属性和整体保护

通过上面的论述，我们可以看到物质性和非物质性构成了文化遗产的双重属性，如"鼎玉龟符"、"鼎食鸣钟"、"铸鼎象物"、"鼎鼐调和"等成语的描述，这些器物都反映着一项项风俗礼仪、典章制度。同样，"非遗"的"表现形式"离不开物质载体和空间，如昆曲、古琴的古乐器、古曲本等，都可以作为博物馆的典型藏品，古戏台、琴台等都可以成为文保单位。

一项物质遗产可以承载无限量的非物质文化信息，其所拥有的非物质信息成为评判其价值的重要内容；一项"非遗"有着不同质态的物质载体，又需要不同层次的存在空间，这些载体和空间又决定着它的存在和消亡。遗产的物质和非物质两种属性彼此依存、相互包含、虚实相生、合而为一、共同生长、共同构成了遗产的基本要素。

基于上面的分析，我们文化遗产划分为"物质"与"非物质"仅是由于理论研究和保护实践的

需要而产生的，绝非遗产本身就有这样的天然类别。一项文化遗产只是因其主体性质和表现形态更多地体现为物质和非物质属性，而被认定为物质或非物质遗产，并因此保护的重点和方式有所不同。但对于文化遗产研究，要强调综合的研究，如在研究文物时，除了研究其物质形态之外，大量的课题是在研究其功能、承载的传统民俗和礼仪、有关的信仰和知识等非物质文化内涵。而在研究"非遗"时，除了对研究如何保护其表现形式之外，还要重视其依存的特定空间的保护。同样，文化遗产的保护，强调的是整体性原则，在保护其主体属性时强调物质属性和非物质属性的双重保护、整体保护，这才是对待文化遗产的科学态度。

在认清了文化遗产的双重属性后，即使是以"实物性"为特征的博物馆，其保护"非遗"的责任也得到了明确。

三、遗产保护：博物馆的优势

（一）"非遗"保护需要"专业"

在目前的"非遗"保护体系中，各级艺术研究院、所和群众艺术馆、文化馆构成了主力，了解它们各具优势的同时，有识之士也认识到其明显的局限性："从以往的实践看，前者搜集、保护文艺资料是为内部的研究，其成果往往是面对学术界的研究著述，而不是将资料直观地展示给社会大众；后者虽是直接组织大众开展民间文艺活动，但又缺乏永久保存相关资料尤其是实物资料的功能，且易受社会潮流的影响放弃传统项目去追求新的文化时尚。"④艺术研究院所和群艺馆、文化馆原有的机构职能中并没有遗产保护这一内容，它们对新赋予的遗产保护职能因其学科手段、专业技能、职业经验缺乏而显得力不从心。笔者接触的许多基层群众文化工作者，虽然兼任了"非遗"保护工作，但至今对"非遗"项目仍不能从文化遗产的角度去理解。缺乏科学和专业基础又被利益所驱动的"非遗"保护，其结果可想而知。专家们对此表现了极大的担忧："例如据某国际机构统计，在被称为'民间歌舞之乡'的中国边陲某地，近年来在地方政府的积极'推动'与'保护'下，如今用于展示其原生态文化风貌的'传统节目'，至少已有近70%不再原汁原味。而在这70%中，至少已有近30%的节目纯属当代人创作出来的伪民俗、假遗

产。在这种改编风、创作风的积极推动下,许多地区堪称'原汁原味'的非物质文化遗产正在被迅速蚕食,形势不容乐观。"⑤这些现象在全国其实是很普遍的,这种严峻形势的形成,对"非遗"缺乏专业的认知、专业的保护手段和专业的保护机构是重要的原因。博物馆有能力也有义务肩负起以专业化手段保护"非遗"的重任。

（二）博物馆的优势

保护文化遗产是博物馆的主要职能。作为构筑记忆、收藏历史的科学和艺术的殿堂,现代博物馆在其发展的数百年历史中,形成了保护人类和人类环境见证物的深厚的学科经验和工作规范,为人类文化和自然遗产的保护作出了重大贡献。保护非物质遗产是国家和全社会的共同责任。在目前各类涉及文化遗产保护的机构中,博物馆有着特殊价值和优势。其优势有:

1. 博物馆对人类和人类环境遗产的保护是永久的。博物馆目前是唯一的这样一种机构,它的稳定性是任何遗产保护机构所不可比拟的,它为"非遗"永久传承提供了基本条件。

2. 博物馆受到国家法律的保护,从《文物保护法》到《博物馆管理办法》、《藏品管理办法》等规章制度的制定使博物馆管理体系相对成熟。博物馆的社会地位和职业规范确保了遗产在博物馆的安全性远高于其他机构。

3. 博物馆拥有遗产保护所需的技术设备、完善的保护制度、训练有素的管理人员和几百年积累下来的管理经验,"非遗"一旦进入博物馆将会得到比在其他机构更专业的保护而延长其保护年限。

4. 博物馆有常设的开放场所和基本陈列,比较其他机构组织的临时性会展、节庆,它的日常展示机制和社会服务功能更有利于遗产的传承、传播和公众参与,同时也更经济和便捷。

5. 博物馆保护的是人类和人类环境遗产中的精华,进入博物馆的任何遗产都必须经过规范程序进行科学研究、鉴定甄别和挑选,这确保了进入博物馆遗产项目的代表性、真实性和珍稀性,从工作规范上杜绝了假遗产、伪民俗进入遗产保护领域。

6. 博物馆的功能在不断发展,博物馆新的发展潮流是从"以物为本"的传统转向"以人为本"

的新领域,新的博物馆形态如生态博物馆的出现,已为"非遗"的"表现形式"和"文化空间"的保护提供了可行的模式。

博物馆在保护遗产方面的特殊价值和优越性是其他机构难以替代的。这一结论并不排斥其他机构发挥自身优势、承担"非遗"保护的职责,但博物馆的上述优越性应成为那些机构改进和完善自身职能的参照系。

四、原真性和整体性:博物馆保护"非遗"的目标

面对新的工作对象、领域和工作需求,博物馆既要借鉴保护物质遗产的优势和经验,又要研究非物质遗产保护的特殊性,并创造适合自身条件和特点的保护理论和方法。

"整体性"和"原真性"是非物质文化遗产保护的基本要求,这和博物馆的工作要求是一致的。博物馆保护文化遗产,不仅要强调遗产本身的代表性、真实性和珍稀性,同时要注重它所存在的环境、所繁衍的空间的原真性,通过科学手段最大限度地加以整体保护。

（一）整体意识下"非遗"的有形保护。"非遗"实物保护与博物馆传统职能是一致的,与"非遗"相关的制品、器具、文献的收藏是其本体的职能。对于"非遗"的物质空间载体——遗址、建筑、村落等,应尽可能利用原貌建立专题博物馆,既保护了文物,又使"非遗"不失去其空间环境而能够实现原真动态保护。必须注意的是,博物馆的藏品多为可移动的,入藏的过程往往会变成脱离其原有(初始)环境的过程。在藏品征集收藏工作中,切忌只关注物的本身而剥离其原有的存在环境和承载的文化信息。应运用民族学、民俗学、博物馆学等学科专长,尽可能地以文字记载、音像录制等方式进行完整记录,以有形的方式入藏存档保证无形遗产信息的永久保存。这是确保"原真性"的一种手段,也是遗产整体保护的最低要求。

（二）以人为中心的"绝技"保护。"非遗"是特定传承者的创造和表达,一旦该传承者离世随之便是技息艺绝,只有通过人的传承才能保存和延续。"动态的"非物质遗产的保护传承,需要博物馆这样的常设机构进行持续性的科学观察和记录,其对象就是传承人,这是不可或缺的基础工作。同时,博物馆要把更大的精力放在以人为中心的技艺保护上,切忌见物不见人。那些身怀绝技的"非遗"传承人是"活的化石",要像对待珍贵藏品一样来对待他们。博物馆要通过人才制度的配套,建立一种灵活的机制,把传承人纳入到管理体制内,通过管理、激励和保障体系,提高其技能和艺术修养,规定其带徒传习的责任和义务,确保那些千古绝技能够时时演练、代代传承,保持它鲜活的生命力。

(三)生态博物馆——"非遗"保护的新探索。生态博物馆出现于20世纪70年代的法国,它强调文化遗产应原状地、动态地保护和保存在其所属社区和环境中,它所保护的是一个鲜活的文化整体,社区的自然景观、建筑物、生产生活用品等物质载体和传统习俗、技艺等非物质的文化因素均在保护之列。生态博物馆与传统博物馆最大的区别在于将文化遗产原状地、动态地和整体地保存在其所属社区和环境的空间中。生态博物馆的面积等同于社区文化区域面积,社区内的居民是文化的拥有者。生态博物馆是一种遗产保护和博

物馆建设的全新形式,如今世界各地已建起300多个生态博物馆,中国也有了8座。尽管生态博物馆建立受到诸多客观因素的限制,但是它向社会提供的是一个正在生活着的社区的环境、经济、文化的整体,是一个社会的活标本,这对于非物质文化遗产保护来讲是一种理想形态。

保护非物质文化遗产是全社会的共同责任,作为文化遗产保护的永久性机构,"非遗"保护已成为博物馆工作的重要课题。

注　释:

①宋向光《国际博协"博物馆"定义调整的解读》,http://www.ccrnews.com.cn/100014/100015/23437.html。

②乌丙安《非物质文化遗产的界定和认定的若干理论与实践问题》,《河南教育学院学报》2007年第1期。

③许慎《说文解字》,中华书局,2006年。

④陈建明《〈上海宪章〉:博物馆与无形文化遗产保护》,《求索》2003年第3期。

⑤苑利、顾军《非物质文化遗产保护中的政府角色》,《学习时报》2009年1月19日。

用创新思维推动如皋文博工作

康爱华

2009 年 8 月 14 日全国文化体制改革会议在江苏召开,中共中央政治局常委李长春对会议作出重要批示,中共中央政治局委员、书记处书记、中宣部部长刘云山,国务委员刘延东作了重要讲话。会议明确了文化发展的大方向,文化发展迎来了前所未有的喜人景象。学习会议精神,结合学习实践科学发展观的理念,为如皋的文化建设提供了新的思路。我们要充分吸收大城市文化建设的有益经验,以江苏省这一文化大省为基础,力求本市文化工作扎实推进。

一、用创新意识开拓文博工作新天地

在一个城市文化论坛上,某些领导专家提出了不仅要看一个城市的 GDP,更要看这个城市的文化内涵与文化资源,以文化来论一个城市的输赢。民族的才是世界的!故文化创新迫在眉睫!作为古城如皋,要挖掘自己的本土文化,文化工作要有特色与个性,要拔高与提升,不应墨守成规,局限在老一套的文化管理模式上,要用创新思维贯穿文博各项工作。要通过积极的文化宣传和文化教育,确立和弘扬科学的发展观。思路决定出路,最根本的是从用人着手,要尽量依靠专业人才及有创新意识和创新能力的新型博物馆人才,扬长避短,充分发挥其最大的工作能动性,人的作用决定一切。2009 年,如皋文化局充分调动内部工作积极性,调动社会上各种资源力量,集思广益,先后开发建立了李昌钰刑侦技术博物馆、安定先生纪念馆、郭氏风筝民间工艺品馆。眼下李渔纪念馆、中国(如皋)长寿博物馆、中国如派盆景艺术馆等正在筹备运作中,一种体现深厚历史文化沉淀的博物馆群在古城如皋正悄悄兴起与壮大。通过扩大博物馆规模,如皋文化局更深地认识到文博队伍建设的重要性,增加了服务意识,以人为本,文博工作真正做到了走近大众,与观众零距离接触,形成了文化与经济共求发展的良好局面。如皋文物资源人文资源丰富,我们应更多地挖掘文物的三大价值,同时合理开发名人效应,更多更好地开设名人大讲堂,待时机成熟,如皋系列性的名人博物馆也将应运而生,文化软实力的作用正在渗透到社会经济事业发展之中。

二、以申报历史文化名城和第三次全国文物普查工作为契机,用创新的理念处理好文物保护与文物资源开发利用的关系

(一)切实推进第三次全国文物普查工作。结合全国第三次文物普查和申报历史文化名城工作,如皋文化局对古文化遗产和丰富多彩的文化资源实行了保护性开发战略,加大开发力度和保护力度,搞好文化生态建设。这次新中国成立以来的第三次文物普查工作,我们用科学发展观的理念贯穿整个工作,不断创造新的成绩。与前两次普查工作不同的是,本次普查不仅是全面发现和认知文化遗产的过程,也是各级领导、政府部门文化遗产保护观念得到大幅度促进,全社会文化遗产保护知识得到大面积宣传,全行业业务技能大练兵的过程。我们通过人大代表、政协委员呼吁政府部门高度重视文物保护工作——提案"高度重视文化遗产保护工作,着实推进第三次全国文物普查"被列入市政协主席会议协商内容。我们在城市和农村都设立了各种形式的宣传咨询活动,并通过媒体让全民参与文保工作。文物普查工作贯穿全年,先后数次组织了不同形式的文普工作培训班,参加者包括各有关部门人员及各乡镇文化站站长等,波及面之广、参与人数之多皆是

空前的。通过理论学习、田野调查，我们在实践工作中的业务能力得到了很大提高，使文化遗产的损失降低到零，文普工作健康有序地开展。也为申报历史文化名城奠定了基础。

（二）处理好发展旅游业和保护文化遗产的关系，从文化层面上来构建旅游业，呼吁将旅游业纳入文化保护和自然保护的总体发展战略之中。作为中国优秀旅游城市，如皋最大的吸引力应该在于历史，具体来说就是文物，就是文化。如皋深厚的文化底蕴众所周知，随着生活质量品味的提高，人们由游览名山大川自然景观逐渐转向关注人文景观。因此，博物馆抓住机遇，参与文化旅游的竞争，加大自身的宣传力度，拓宽与社会的横向联系，吸引了更多的观众来博物馆参观。我们本着做好工作的责任心与良知，对全社会宣传文物保护的重要性，充分发挥人民群众在城市建设中的主体作用。水绘园何去何从，东大街，集贤里的保护与利用，仍有待我们用创新的理念进一步完善其可行性，以科学发展观为指导思想进一步论证其科学性，更多更好地挖掘其文化内涵。同时我们还在逐步打破文物部门、旅游部门的门槛界线，形成工作联系机制。

三、学习实践科学发展观，创新博物馆的各项内部管理工作

2009 年以来，如皋市文化局先后组织了形式多样的学习实践科学发展观活动暨文化创新专题培训班，定期或不定期的举办如皋名人大讲堂，每月荐读并写心得体会等系列性学习培训活动，使文化人大开眼界，对做好本职工作有了更新的理念。

（一）更新陈展内容，充分展示知识性与趣味性。观众评价一个博物馆工作的优劣与否，主要是看其陈展艺术和服务水平。由此我们作出了一些新的举措，2009 年初完成了所有展室的布展，有针对性地设计了冒襄的文学成就展与董小宛的诗词歌赋展览，对两人缠绵悱恻的爱情佳话作了更有新意的阐发，充分展示了如皋深厚的古文化及它的人文内涵，也发挥了爱国主义教育基地的重要作用。

（二）力求服务讲解的深度与广度。如何高质量地做好接待讲解工作一直是我们关注的。首先我们对制度加以完善，每月进行考核，考核不合格的服务讲解人员予以解聘，从而调动他们的积极性与主动性。采取"请进来，走出去"模式，组织服务讲解人员到常州、海安等地取经，学习兄弟馆的经验，回来后再研究如何形成具备自己个性与特色的讲解，还请南通博物苑的专家到我馆作现场指导等等。鉴于我们馆的特殊情形，对于讲解的主要内容、每个展室的亮点、讲解的形式与风格等均作了尝试与探讨，尤其在专业知识上下工夫。创新的讲解来源于丰富的知识、深厚的沉淀。我们还注重对馆内服务讲解人员加强基础业务的训练，从而使讲解不流于程式，有了激情，言语变得生动有趣，较好地适应了博物馆免费开放后社会公众的需求。

（三）把安全消防工作放在重中之重。博物馆的安全问题永远是重中之重。我们从思想上牢固树立安全重于泰山的意识，用科学发展观的理念来管理好安全工作。在硬件上，不断加大投入，对馆内重要区域部位实施了 24 小时录像监控，并与110 联网。在软件上，加强人防与物防，加强服务人员的责任心，建立健全各项安全规章制度，做好服务人员与警卫的交接班工作。在此基础上，力争防患于未然，随时准备发现安全工作中的任何疏漏之处，以确保馆内文物安全。

综上所述，诚如上海市委党校朱明毅教授的创新思维讲座所说：在新形势下，要有市场经济跳跃式思维模式。这启发我们不能停留在一个动作上，要有更多的动作，亦即我们必须重视创新，在原有基础上进行知识创新、方法创新、工具创新。必须多思维多视角，不断地拓宽视野。文化系统更要培养有文化生产力的创新人才，横跨经济文化两个领域的文化人才，了解今后社会发展的大体走向。如皋博物馆应该提前把握时代发展的脉搏，不断创新，使如皋的文化与经济工作相得益彰，交相呼应，互为提升。

浅析免费开放后博物馆与公众之间关系的转变

张　堃

2008 年对于我们每个博物馆人来说都是极不平凡的一年,随着博物馆的免费开放,博物馆与公众之间的关系开始发生了一次重要的转变。在这场变化中,中国的博物馆又迎来了一次历史性大发展的黄金时期。与此同时,中国博物馆与公众之间的关系也在经历着一次考验,一方面,我们看到了社会公众对于博物馆长久以来的期待与热情;另一方面,更应该理性分析工作中所暴露出的问题,进行冷静思考,从而找出一条博物馆的可持续发展之路。

一、免费开放之前博物馆与公众的关系分析

中国的博物馆与公众之间的关系问题由来已久。回顾历史,新中国成立之初,我国仅有 25 个博物馆,而且其中 9 个还是外国人开办的。当时,这些博物馆多数已经陷于瘫痪状态,博物馆对于当时的中国人来说是一个虚无缥缈的名词。1949年以后,中国的博物馆事业百废待兴,但由于政治因素的影响,尤其是十年"文革"中对政治宣传的强调,全国许多刚刚建立起来的省市级博物馆都成了以爱国主义教育为主的宣传基地,在此背景下产生的是博物馆展览中为政治服务的鲜明主题、慷慨激昂的讲解和说教式的展览形式。中国的博物馆从"广开民智"的场所变成了"政治的附属工具",博物馆教育成为"政治"宣传的一种主要途径。因而,公众产生了一种到博物馆就是来接受革命传统教育的直观印象,博物馆等同于纪念馆的概念也从此根深蒂固,成为 20 世纪 50 到70 年代的人们对博物馆的主要认知。

随着党的十一届三中全会的召开,中国社会开始了一次从政治向经济建设转变的历史性跨越。"以经济建设为中心"开始成为全国各行各业

新的风向标,在这场改革大潮中,中国的博物馆人面对经济大潮的冲击艰难地前行,甚至有些博物馆为了改善职工的福利,将原有的展厅出租改为家具城。这样一来,博物馆的经济效益上去了,但却使博物馆开始远离公众的视线,成为社会的一片孤岛。

进入 21 世纪以来,经过 20 年的改革发展,中国的博物馆在经济高速发展的背景下,如雨后春笋般纷纷建立起来。这时,很多城市中早已被忘记的博物馆,又进入了公众的视线,成为各方关注的焦点,这种变化对于博物馆人来说是可喜的。不过,因为普通公众长久以来远离博物馆,对博物馆产生了陌生感,成为中国博物馆特有的一种现象。以天津博物馆开馆的第一天为例:上午,在各方面的协调和组织下开馆仪式可谓是热闹非凡,但随着参加开幕式的各界人士的渐渐离去,下午馆内便相对冷清。而且,随后来博物馆参观的大部分人都是手持赠票的观众,买票前来参观的人寥寥无几,这种状况持续了近一个月的时间,直到2005 年春节的第一个黄金周才有所改观。但好景不长,在经历了半年的磨合期后,博物馆又恢复了往日的平静。通过以上的举例我们不难看出公众与博物馆之间长久以来的陌生感以及博物馆在社会中"内热外冷"的尴尬局面。

二、免费开放之后博物馆与公众的关系思考

（一）观众热情高涨,博物馆冷清局面得到改善

2007 年 12 月 28 日,天津市五家市属博物馆在全国率先实行免费开放。免费开放的当天,各馆也可谓是"盛况空前"。以天津博物馆为例:免费开放之前做了充分的准备,市委宣传部和馆里

的相关领导组织成立了各种协调小组,如"医疗组"、"安全组"、"调解组"等,并在当天调集了公安、消防、急救中心等各类预防突发事件的职能部门。为了应对观众过于集中的局面,领取门票的地点分散安排在各区县文化局,并动员全馆所有的员工到展厅值班,加大各方面保障力量,可以说是为了应对各种突发事件做好了准备。

事实证明,准备是必要的。在2008年新年的第一天,博物馆就迎来了一次挑战。从上午9点开始博物馆外就排起了"长龙",参观的高潮直至11点达到了顶峰,展厅内摩肩接踵,展厅外游人如潮,到下午4:30止,日接待量近4000余人,这虽算不上天津博物馆开馆以来的最高日接待量,却成为天津博物馆日接待量持续攀升的开端。

博物馆的免费开放对公众来说无疑是一件好事,充分体现了文化遗产保护惠及人民大众的理念,可以让人民群众充分享受文化遗产保护的成果。同时,极大地调动了公民参观博物馆的热情,取得了显著的社会效益,既改变了博物馆冷清的局面,也解决了困扰博物馆多年的老问题,如资金短缺、参观人数每况愈下等,从根本上为今后中国博物馆的持续发展提供了有利的保障。同时,这也使"博物馆是为社会及其发展的非营利的永久机构,并向公众开放"[1]的设想在中国成为现实。其最有力的表现就是使博物馆服务社会的功能得以充分发挥。以下是天津博物馆2005～2008年上半年参观人数统计表及示意图:

日期 \ 参观人数	1月	2月	3月	4月	5月	6月
2005年	23985人	22206人	17275人	15337人	23393人	10143人
2006年	3499人	3671人	2562人	4655人	7883人	4133人
2007年	3142人	4539人	5269人	4800人	12215人	7133人
2008年	41967人	87473人	62119人	91275人	62571人	48621人

表1　2005～2008年上半年天津博物馆参观人数统计表

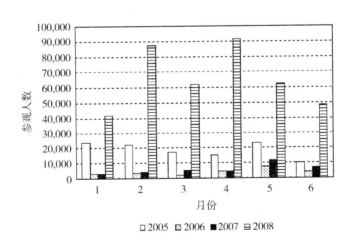

图1　2005～2008年上半年天津博物馆参观人数示意图

但从上面的对比中我们更应该感到,博物馆的参观人数从平均每天几十个人到今天的上千人,这种变换不仅仅是量的变化,更是质的变化。同时我们发现,仅仅让观众走进博物馆已经不是目前的主要问题,现在我们更应该关注的是博物馆能否成为公众心目中真正的文化圣地。

(二)不文明现象丛生,给博物馆带来新的困扰

困扰中国博物馆多年的"门庭冷落"的问题解决了,但新的问题也开始展现出来,由于参观量

大，观众过于集中，各种不文明的现象层出不穷。例如：在展厅中成年人高声喧哗，孩子们嬉戏打闹，只要自己感兴趣的东西，不管有无提示都要拍照，甚至有些观众竟将文物展柜的密封胶条撕开等等。在南方某博物馆免费开放后，短短的7天内参观人数达到8万人次，日均参观人数猛增100倍。在免费开放第一天，人潮就把博物馆的大门挤坏，并导致部分馆内展品受损。由于有些参观者素质不高，给博物馆造成了经济损失。对于这些不文明现象，作为博物馆人，我们在应对与痛心的同时，更应该想一想原因：为什么有些观众将博物馆等同于公园？为什么有些观众如此缺乏参观常识？为什么有时候博物馆内连一般公共场所的秩序都难以保持呢？

其实，通过分析我们很容易就能找到问题的答案：中国的博物馆由于历史原因长久以来远离公众的视线，经历了社会动荡之后的中国民众没有正确的博物馆意识，民众总体上没有养成参观博物馆的良好习惯。因此，博物馆与公众之间存在一定的距离，公众对博物馆没有一个正确的了解和认识。长期以来，人们参观博物馆只是为了接受教育，并没有把博物馆作为一种文化流连其中，在其中了解历史变迁、体味艺术之美。当博物馆突然免费对社会开放，那么观众参观博物馆的热情更多在于"免费"，而不是博物馆展览本身。在这种前提下，以上种种不文明的现象就难以控制。在这场突如其来的变革中，我们应该做些什么呢？

三、拉近距离，根本上改善博物馆与公众的关系

可以说，免费开放考验的是博物馆管理层的智慧。如何运用合理健全的制度，保障博物馆这一社会公共文化资源得到最大化的利用，是博物馆人面临的现实问题。同时，也有必要开展一些行之有效的工作，将"以人文本"的理论不仅停留在"人与物的结合"，更着眼于博物馆的社会服务能力，积极参与到社会活动中去。因此，在变革中我们首先要学会利用多元的传播手段，让公众将博物馆视为多元文化的一种综合载体，使博物馆更亲切、更生动，充分展示更好的拓展空间，更进

一步地提升其作为公众文化载体的职能，从而将公众的视线更好地吸引到博物馆这个高雅的殿堂中，进一步为社会服务。

博物馆不能仅仅停留在"等观众"的状态，而应当学会利用多种宣传手段将博物馆与公众更紧密地联系起来。特别是在生活节奏日益加快的今天，很多观众由于各种原因，不能经常来博物馆参观，他们热切地希望博物馆能够走进社会、走到老百姓的身边，例如博物馆走进校园、走进社区、走进工厂、走进农村等。在博物馆走近观众的一系列活动中，我们不仅要把博物馆的展览带到公众中间，更重要的是要让公众了解博物馆、了解祖国博大精深的历史文化，这对于改善博物馆与公众之间的关系将起到良好的促进作用。

在博物馆的日常开放中，我们应该对展览的内容进行及时更新调整，在讲解中向观众渗透文物保护的基本知识、参观博物馆的基本常识，使观众在了解历史文化的同时，体会到博物馆免费开放的真正目的，从而拉近博物馆与公众之间的距离。

综上所述，博物馆的免费开放是一把双刃剑，可以说机遇与挑战并存。作为博物馆人，我们在完成本职工作的同时，更应该感到紧迫的压力，主动承担起服务社会、服务人民的责任与义务。我们没有任何理由再使博物馆这艘巨轮驶向孤岛，所以我们不仅要让公众重新走进博物馆，更要使公众热爱博物馆，进一步拉近公众与博物馆的联系，从而使免费开放成为博物馆与公众之间一座崭新的桥梁。

注　释：

① 王宏钧《中国博物馆学基础》，36～45页，上海古籍出版社，2001年。

参考资料：

宋明明《博物馆热中的冷静思考》，《博物苑》第三十期，2008年

陈华丽《从"服务与物"到"服务与人"——试析21世纪的博物馆与公众的变革》，《国际博协博物馆学委员会2008年年会暨中国博物馆学博物馆学学术研讨会》论文集

博物馆的科普教育在提升国民科学素质中的作用

居卫东

科学技术的普及在经济和社会发展中有着独特的重要作用。在科学技术快速发展的今天，一个国家科学技术的普及程度，从根本上决定着这个国家生产力和文化的发展水平，决定着这个民族的创造能力。科普是一种具有时代感的社会教育，它既是科学技术转化为生产力的纽带和桥梁，又是提高全民族科学文化素质的必要手段。各种重要国策，诸如环境、资源、人口、生态等政策的推行，无不有赖于科普工作为先导。科普的最根本目的是解脱愚昧，提高人民的科学素质，这也是社会主义精神文明建设中的重要一环。

当前，国际竞争十分激烈，竞争表现在综合国力、经济发展水平上，而国民科学素质状况是决定综合国力强弱的重要因素。不能设想当国家的国民经济，综合实力及整个社会的文明程度达到一定程度，国民的科学文化素质却很低下。所以，一个国家的发展从根本上说取决于人民的科学文化素质的提高。要提高国民的科学文化素质，需要全社会共同努力，做好科普工作，博物馆作为社会文化教育事业的一个重要组成部分，在科普教育方面有着义不容辞的责任。

一、博物馆应成为科普教育的重要基地

通过我国相关单位的几次全民科学素质调查来看，我国公众的科学素质远低于发达国家的水平，对经济、政治、文化发展的羁绊和影响逐步显现。这就要求社会各界积极参与科学技术普及活动，博物馆就是重要的科普基地。博物馆的科普工作任务包括为成人终生教育服务及为在校学生素质教育服务。

（一）国民的科学素质亟待提高

我国《全民科学素质行动计划纲要》指出，公民具备基本科学素质一般指了解必要的科学技术知识，掌握基本的科学方法，树立科学思想，崇尚科学精神，并具有一定的应用它们处理实际问题、参与公共事务的能力。中国科协发布的数据显示：2001年我国公众具有基本科学素质的比例为1.4%，而美国早在1990年的数据即为6.9%，相差5.5个百分点。

调查显示，在2001年的一年内，没有参观过科技馆和自然历史博物馆的我国公众比例为85.9%；没有参观过科技展览的公众比例为81.4%；没有去过公共图书馆和图书阅览室的公众比例是78%；没有参观过动物园和植物园的公众比例是68.2%。而这些我国公众很少露面的场所，恰恰是发达国家民众经常光顾、了解科学知识、提升个人素质的乐土。这一现象从一个侧面反映出我国公众科学素质水平的现状。

目前，有些现状是十分令人忧虑的，如封建迷信回潮，朝山进香、修坟建庙、看相算命等活动泛滥，各种看相算命图书充斥城乡个体书摊。"非典"来到时，一些人甚至分不清什么是细菌、什么是病毒，也不知道"非典"的传播途径。一些地方流传烧香拜佛放鞭炮，门框上挂两把草药防"非典"的流言，并在4天里传播了14个省，暴露出部分民众科学知识的不足。

青少年科学素质的现有水平也不容乐观。1999年由江苏省青少年科技教育协会发起并组织，对江苏省13个地级市进行了"中国青少年科学素质调查"的问卷抽样调查。江苏是全国经济发展比较快的省份之一，在基础教育方面也走在全国前列，从统计结果可以看出江苏的平均正确率要高出全国平均水平，错误率低于全国平均水平，这表明江苏学生对科学知识的掌握程度要明

显好于全国,但从学科来看,在科学方法论方面江苏和全国的调查结果没有显著的差异,而有关生物学的调查结果则表明我省在这方面要稍逊于全国,平均正确率要低于全国3.5个百分点;在数学和物理学方面,江苏明显好于全国的平均水平。从上面所涉及的数学、物理、生物和科学方法四个方面来看,数学和物理为我们通常所谓的"主科",学生的掌握程度比较好;而像生物这类的"副科"内容以及"科学方法论"这些在中学尚未列为教学科目的内容,学生把握的程度明显不能达到全国领先水平,甚至在生物学方面江苏要落后于全国平均水平。

调查结果表明,无论在江苏还是在全国范围内,青少年对环境保护方面的知识掌握最为贫乏,回答平均正确率分别只有36.3%和22.8%。我国的环境状况目前已经不容乐观,只有青少年都来重视我们所面对的环境现状和环境压力,环境的最终治理才能成为现实。

(二)博物馆的工作理念与重心急需根本转移

"收藏、研究、展示"是博物馆工作中的传统理念。在传统博物馆工作中,藏品(物)是主要服务对象,被视为核心与基础,收藏便是博物馆存在的目的。鉴于历史的不可逆性和博物馆藏品的历史遗存物质属性,无论博物馆的从业人员还是观众,与藏品相比均退居次要地位。但是,以藏品为中心的展示更多属于单方向的传播,观众属于被动接受信息,扮演的仅是对藏品顶礼膜拜的角色,而对于藏品和观众之间双向交流的深层次教育功能的开发并未得到博物馆自身和社会的足够重视。

在时代和社会的发展中,各种博物馆、科技馆作为收藏了人类文明的遗产和重要的教育信息资源的机构,必须考虑担当历史与现实、科学文化与公众素质之间的桥梁和纽带。今天博物馆的社会存在价值,不仅应表现在收藏记录历史信息、展示了解当代社会,更应激励人们积极探索和创造人类文明更美好的未来。在现代博物馆工作中,观众(人)应该是主要的服务对象。

正是基于上述理念的进步,现代博物馆的工作重心正在由"以物为本"向"以人为本"转变。作为一个有实物藏品依托的信息集散地,现代博物馆不仅要关注自身正在传播什么信息,更应重视观众对信息的感受——教育效果。为此,博物馆必须要有更多的社会责任感、必须考虑主要参观者的兴趣爱好、知识水准、审美情趣、心理和生理承受能力、信息接受能力和反馈方式等,甚至必须紧跟社会和媒体热点问题,并对社会流行时尚具有前瞻性的把握。这些工作实际上就是国民终生教育的重要组成部分。发达国家早已将博物馆视为提高国民科学文化素质的重要资源、正规教育必选的校外课堂。

因此,教育功能在现代博物馆中显得越来越重要,这种发展趋势不仅体现了社会效益优先的公益性原则和社会对纳税人的回报,也是博物馆自身适应社会进步、避免淘汰的生存需要。各类博物馆均需通过科普工作将文明的资源转化为文明的动力。

(三)博物馆应成为在校学生科普教育的第二课堂

培养学生是一项系统工程,需要学校、家庭和社会三方面协调努力。博物馆作为社会文化教育事业的重要组成部分,在配合学校教育方面有着不可推卸的责任。中国的博物馆自诞生之日起,就将普及科学知识、辅助学校教育视为已任。中国博物馆之父——张謇为南通博物苑博物楼撰写的对联"设为庠序学校以教,多识鸟兽草木之名"就足以说明问题。博物馆与学校教学紧密配合,无论在我国或国外都已经成为博物馆职能的重要方面,也创造了许多成功的经验。博物馆越来越成为学生的"第二课堂"。

从"中国青少年科学素质调查"的统计分析结果来看,大众传播媒体(包括博物馆的科普宣传)所起的作用举足轻重。其表现在青少年对科学知识的了解过程中,在有关科学技术的基本知识方面的提问中,有关进化论、吸烟致癌、克隆技术、大陆漂移学说、恐龙、电子计算机等的知识题有超过70%的正确率,这应该归功于大众传媒尤其是面向青少年的媒体的作用。在现代教育体系中,除了学校教育以外,包括博物馆在内的大众传媒的作用不可小视。

我国的青少年对已有科学知识的获取与科学发现能力的形成是脱节的,而后者又恰恰是创新能力所不可或缺的,它显示出我们长期以来的青少年教育模式必须做出相应的改革,否则,我们的民族可能只是继续疲惫地追赶世界的科技潮流,而永远不可能引导世界科技的潮流。创新能力必须经过社会教育机构有意识地养成,这也是博物馆教育力所能及和义不容辞的。

随着教育发展越来越重视激发和培养学生的创新意识,博物馆的校外教育功能日趋重要。同时,也向博物馆教育提出了更高的要求,其科普教育功能应该更加引起人们的重视。学生是我国博物馆数量最大的观众群体。我国各类学校的学生合计有两亿人,约占总人口的1/5。因此,各类博物馆(特别是各级科普教育基地)必须对校外科普工作给予足够的重视,从组织机构、人员配备、工作重点、经费投入等方面提供必要的保证,加强科普工作,充分发挥博物馆的"校外潜力",为全面培养青少年的创造力和综合能力、提高广大青少年的科学素质贡献力量。

(四)博物馆应成为全面提高成人科学素质的终生教育的重要基地

面对知识爆炸和高新科技竞争激烈的21世纪,要求每人都在有限时间内掌握所有知识显然是不可能也是不必要的。因此,"终生教育"的要求应运而生。教育的终生化是面向知识经济的教育发展的趋势,是知识经济时代教育的基本特征:学习和教育将贯穿人的一生,"活到老学到老"成为人们的一种基本的生活习惯,终生教育成为社会的基本需要。

终生教育是全面提高公众科学素质的教育。对于落实终生教育来讲,正式教育与非正式教育是不可分割的。同时,科学素质的理念也非常重要;科学方法、科学过程、科学精神的传授与普及要远重于科学知识的普及。

在《美国国家科学教育标准》中,对科学素质的概念和内涵进行了描述性的说明:

科学素质是一个人终其一生的修养,是从一个人在其最初年月所形成的各种看法和价值观念开始逐步培养起来的。所谓具备科学素质是指了解和深谙进行个人决策、参与公民事物和文化事务、从事经济生产所需的科学概念和科学过程。科学素质还包括下述一些特定能力:

1. 具备科学发现和探索的兴趣:具备科学素质意味着一个人对日常所接触的各种事物能够发现、提出并解答有关问题。

2. 对科学原理的理解和应用:具备科学素质意味着一个人有能力描述、解释甚至预测一些自然(或社会)现象。

3. 理解科学概念和原理:具备科学素质意味着一个人能读懂一般性的科普文章。能对有关结论的证据充分与否进行讨论。

4. 以科学的态度参与社会事务:具备科学素质意味着一个人能判断识别国家和地方决策的科学基础,并且能提出有科学依据的见解。

5. 科学价值判断:具备科学素质的公民应能根据信息源和产生此信息所用的方法来评估科学信息的可靠程度。

6. 科学思维习惯:具备科学素质还意味着有能力提出和评价有论据的论点,并且能恰如其分地运用从这些论点得到的结论。

在未来社会中,每位公民都应该拥有基本的科学观念和掌握基本的科学方法,从而使生活更为充实、工作更为高效。在科学探究的产物触目皆是的世界,具有良好的科学素质是每个人必不可少的需要。每个人每一天都有许多事情需要运用科学知识做出适当决策。每个人都需要有见地和有能力参与牵涉科学技术的重大问题,对其进行公开讨论和辩论,每个人都应该有机会去领略因领悟和探明自然界的神秘而可能产生的那种兴奋之情和自我满足感。

如今有越来越多的工作需要高级的技能,因而要求人们会学习、会推理、会创造性思维、会做决策、会解决问题,了解科学的过程是掌握这类高级技能的一种基本途径。

作为公共文化设施,拥有大量教育资源的博物馆,其工作方针、方式等均应配合这种新的形势发展需要,主动承担起服务于终生素质教育社会职能的角色,满足公众精神文化产品的需求。

在进入21世纪之际,人类社会已进入信息时代和知识经济时代。成人教育已是当代终生教育中的重要组成部分,受到越来越多国家的重视。近30~40年来,科学技术迅速发展,促使现代社会和人类文明的进步出现了新的趋势。现代知识总量急剧增长,知识老化的周期也越来越短。一个人青年时期在学校获得的知识,再也不能像以前那样基本满足终生需要了。知识的更新从未像现在这样成为紧迫的任务。

在强调"科教兴国"、"可持续发展"和面临信息社会"知识爆炸"的 21 世纪,劳动者的"终生教育"更需要有效地科学组织利用各种教育资源,其中科学文化历史沉淀下来的各类博物馆资源既丰富又直观,更应妥善开发利用。利用好中国现有的一切教育资源,将人口压力转化成人才优势,弥补自然资源的不足才是当代民族复兴的唯一途径。

二、博物馆科普教育活动的基本内容、类型和形式

科普教育是博物馆的主要社会职能之一。当代博物馆事业的发展中,一个重要方面即是博物馆教育观念的更新和教育活动的创新,博物馆通过为观众自我学习提供服务而实现其教育目的。

(一)博物馆科普教育活动的基本内容

科学技术普及活动的基本内容包含科学态度,科学知识、技能,科学方法、能力以及科学行为、习惯等四部分。即:

1. 科学知识、技能。主要包括:生命科学、基本物质科学、地球与空间科学、科学前沿与高新技术、实用技术、科学技术史等方面。每一方面都应根据教育对象的年龄特征体现由近及远、由零星到系统、由具体到抽象、由现象到本质、由宏观到微观的一般规律。

2. 科学态度。科学态度是科学技术普及活动目标体系的核心内容,主要包括对科技活动的基本看法,对科技活动的意识、思维活动和自觉的心理状态及其在言行中的表现。科学态度大多表现为追求真理的勇气、尊重规律、习惯于理性思考等特征,它们构成个人科学素质的最关键部分。在各个年龄阶段的教育内容中,都应该把这部分的内容放在重要位置。

3. 科学方法。科学方法是科学技术普及活动的重要内容,主要包括观察、操作与实验的方法以及参与探究活动的方法、收集与利用信息的方法。

4. 科学的行为与习惯。通过科学技术普及活动,养成良好的个人生活、学习和社会活动习惯。

这四个部分以科学态度为核心,科学知识、技能和科学方法、能力为基础,科学行为、习惯为外在标志,形成一个综合性的整体目标。各部分内容既各有侧重,又相互联系。

(二)博物馆科普教育活动的类型

博物馆开展科学技术普及活动,一般表现为以下四种类型:一、以普及科技知识为主的知识性项目,如生物知识、天文知识等;二、以培养具体技能为主的技能性项目,如模型制作、标本制作、种植养殖技术等;三、以问题为中心的培养探究能力的研究性项目,如对某种动物生活习性的研究、农作物的品种改良等;四、将知识学习、技能培养、探究性学习融为一体的综合性项目,如对当地环境污染情况的调查研究、创造发明等。博物馆在进行科学技术普及活动时,应从实际出发选择或设立活动类型,使之既能照顾到科普对象的生理心理特点、知识水平、兴趣和需求,又能因地制宜,反映出地区差别和城乡差别;既要保留优秀的传统活动类型,又鼓励对其加以改造和创新,以设计出能适应形势变化的新类型;既选择或设立一些与当地生产、生活紧密联系的符合实际的活动,又应注意设计一些高新科技活动和创新活动,并在有条件开展活动的地方进行实验;还可以通过社会化途径,组织开发若干示范性活动,以促进当地科技教育活动的开展。

(三)博物馆科普教育活动的形式

为了实现科普教育的目标,科学技术普及活动应被赋予生动活泼的形式,使广大青少年易于接受、踊跃参与、扩大收获。多年来,各博物馆的科普工作者一方面努力搞好陈列、展览,一方面在科普活动形式上不断地积累经验。有群众性的活动形式:各种巡回展览、科普夏(冬)令营、"小星火计划"(小种植、小养殖、小加工、小考察、小改革、小发明、小咨询等)、"生物百项活动"、科技演讲会、科普活动日(周、月)等;有专项性的活动形式:兴趣小组、科普主题讲座、参观、培训、科技竞赛等;还有其他的科技活动手段:科技墙报、科技书刊阅览、小发明(创造)展示、科技实验演示、科普录像科普电影等等,这些活动形式都应持续大力提倡和推广,并积极给予全面创新。

三、加强博物馆科普教育的若干建议与意见

博物馆科普工作者,应充分发挥主动性,到学校去、到社区去,提高创新能力,积极推动科技普及活动的健康开展。

（一）加强联系，成为科普网络中的重要组成部分。博物馆应加强同地方教育部门和社区的联系，建立永久性协作关系，成为拥有稳定观众量的校外课堂，主动为正规教育系统和社区教育系统服务。与学校联系建立科普教育基地、实习基地；与社区建立共建关系；把各种活动开展到学校、社区，使之成为博物馆教育阵地的外延。加强与科协、科技局、农、林、渔等相关部门和兄弟博物馆的联系，积极争取社会支持，实现资源共享，健全科技教育的社会网络，并成为网络中的重要组成部分。

（二）在博物馆的科研工作中，应加强科普教育目标、手段和效果的研究。在展览和各种教育工作要积极渗透并突出大科学教育的有关内容，包括科学的世界观、科学精神、科学态度、科学方法、科学历史、科学道德、科学与社会、科学前沿的新发展、科学前瞻性思考、新技术带来的新突破和新机会等。淡化各种学科之间过于严格的分界，用一个更统一的视角来组织知识结构；通过主动学习完成由知识点到知识结构之间的过渡。

（三）发挥实物优势，坚持博物馆特色，积极主动地配合各个年龄阶段的学校教育。博物馆教育要深入研究现行教学大纲，有的放矢、拾遗补缺、鼓励动脑、动手，激发"思考与发展的快乐"。积极倡导"崇尚科学、理解科学、献身科学"的精神，促使观众走近、感受、理解、利用、发展科学。

（四）加强科普队伍建设。博物馆的工作者需要从单一人才向复合型人才转变，如果不能完成从任务观念到人才结构的及时转变，我们的博物馆工作实质上仍将游离于"科教兴国"和素质教育的战略任务之外。对科普工作人员的继续教育，特别是现代科学知识的学习、创新思维和创造能力的培养等要在工作中制度化、经常化、正规化。

（五）努力采取有效措施，切实加大科学技术普及活动的硬件建设，加大投入。在政府投入相对不足的情况下，积极争取社会力量参与和支持科学技术普及活动。

我们党和政府越来越关心和重视科普事业的发展，为此作出了一系列重大决策和部署。十三届四中全会以来，党中央、国务院召开了国家科学技术奖励大会、全国科学技术大会、全国技术创新大会，有关部门召开了全国科普工作会议、中国科协全国代表大会、两院院士大会等重要会议。1994年，发布了《中共中央、国务院关于加强科学技术普及工作的若干意见》。1995年，中央作出了实施科教兴国战略的重大决策，把发展科技、教育，提高全民族科学文化素质，放在经济和社会发展的突出位置。这些都为科普事业的发展指明了方向。2002年6月，科普法正式公布实施，科普工作有了法律依据。

随着社会的进步，科技的高速发展，对公众的科学素质也提出了更高的要求，需要公众不断地提高全面的科技素质。因此，科学素质是一个长期的课题，甚至是一个永久的课题，全民科学素质活动将成为一个长效机制。"十年树木，百年树人"，到2049年中华人民共和国成立100周年时，应使我国全体公民人人具备较高的科学素质。为了这一目标的实现，科普工作将是博物馆长期的战略性任务，这一工作任重而道远。

参考资料：

《中华人民共和国科学技术普及法》，2002年6月29日第九届全国人民代表大会常务委员会第二十八次会议通过，科学普及出版社

《2001～2005年中国青少年科学技术普及活动指导纲要》，科技部、教育部、中宣部、中国科协和共青团中央发布，2000年11月16日，国科发政字[2000]516号，《中国科技法律法规与政策选编》，法律出版社，2003年

《加强科学技术普及工作 提高全民族的科学素质》（李岚清同志在第三次全国科普工作会议上的讲话）

王宏钧《中国博物馆学基础》（国家文物局文博教材），上海古籍出版社，2001年

甄朔南、沈永华主编《现代博物馆学基础知识问答》，中国自然科学博物馆协会，2000年

浅谈博物馆实施技防工程应注意的几个问题

——以南通博物苑为例

陈银龙

博物馆是国家珍贵文化遗产的保存机构,对安全保卫工作有着特殊的要求,必须给予特殊的重视。多年来,我苑高度重视安保工作,积极实施三级安全责任制,制定了一整套的安保制度,加强了人防和犬防,实现了安全无事故的局面。2005年9月6日,我苑又实施和使用了安全技术防范工程,使安保工作上了一个新台阶。4年多来,技防工程为我苑的藏品保护、观众接待和事业发展等提供了有力的保障作用,我们也从中积累了一些经验和教训,现借此机会总结出来,供准备实施技防工程的兄弟博物馆参考,与已实施技防工程的同行共同探讨。

一、确定合作单位要坚持就近的原则,由本地的专业公司实施为好

我苑的技防工程是由外地的一家专业公司设计安装的。虽然这家公司安装比较到位,但由于该公司所在地与我苑相距较远,投入使用的技防工程一旦发生故障,就难以进行快速、有效地维护。遇到的情况大体有这样几种:一是技防工程在使用中出现故障,必须由他们公司派技术人员来我苑检查维修,除了增加交通费、住宿费等项费用外,还会延长维护时间,影响技防工程的正常使用。例如这几年的雷雨季节,我苑的报警收集器多次遭雷击损坏,每次拆下损坏部件寄去外地检修,时间一般要两个月左右;二是安装公司的技术人员在外地,没有条件经常对我们进行面对面的指导,对使用者在实际操作中熟练掌握设备功能留下了缺憾;三是遇到一些经常容易发生的小故障时,来人维护没有必要,电话沟通又说不大清楚,常常是一个小故障要通话好多次,甚至要好几天才能沟通清楚、得以解决。如果是本地或是临近本地的公司安装设备,出现情况后只要打一个电话,他们就能派人迅速赶到,检查情况,及时维修,这样可以减少许多尴尬的局面。因此,我们认为,即便是落实外地的专业公司设计安装技防工程,也要请他们在本地区设有维修机构,便于及时沟通、及时维修。

二、使用单位要坚持派员参与施工的全过程

工作实践使我们认识到,在安装技防工程时,使用单位就应该安排以后使用技防工程的管理者全程参与安装工作。这样可以掌握整个线路的走向,熟悉整个设备情况,特别是对一些隐蔽工程的内容能做到心中有数,以后在技防工程使用时,如果遇到故障,就能及时找到原因,对症下药,保证工程的正常使用。我苑在安装技防工程中,由于没有确定好监控室的管理者,就没有安排人员参与技防工程的全程安装。因此,后来的管理者对整个工程的线路走向不太清楚,查看设计图纸也难以明白——因为施工时出现的种种情况,实际安装情况已经不完全和图纸相一致了。这样一旦出现故障,就很难一下子找到原因,延误检修的时间。

如果派员参与安装过程,实际上就是一次岗前培训,参与者可以在安装中学到技术,与安装者加强交流,形成共同语言,为以后技防工程使用时继续与安装者沟通、交流情况打下基础,相互的配合就会更为默契,合作也会更为愉快。

三、要坚持安装周界报警装置,把住第一道关口

博物馆在实施技防工程时,最好在周界安装报警装置,这样一旦遇有意外情况,就能及时报警,便于迅速处置。南通博物苑占地面积有72000平方米,周界长度有1400多米,在原来的技防工程方案中,已考虑安装周界报警装置,后来在实施过程中,由于经费缺口,便将这一个项目减掉,使得我们现在还没有周界报警装置。由于没有周界报警装置,为了防止夜间发生意外,我们除监控室24小时监控、夜间安排领导带班、保安人员值班和狼狗把守文物库房外,还安排8个保安人员巡更和看守大门。这方面每年要支出很大的一笔费用。2008年上半年,我省公安厅暗访组来我苑暗访,在与我们交换意见时,明确要求我们应考虑安装周界报警装置,并向我们说明安装周界报警装置的必要性和重要性。省公安厅领导的指示,引起了我们的高度重视,我们在思想上认识到安装周界报警装置的重要作用。最近,我们已经请专业公司设计了我苑周界报警装置的方案,并向市政府上报了"南通博物苑关于申请安装周界报警装置专项资金的请示",一旦专项资金下拨,我们将立即进行调研,提出安装周界报警装置的方案,着手实施这一工程。有了周界报警装置,就可以全天候开展监控工作,一有情况,就能及时反馈,迅速处置,还可以减少保安人员的用量,节省保安人员的开支。

四、要坚持同步考虑建筑防雷、通讯防雷和电器防雷的设施

在不同地区实施技防工程,还要考虑当地的天气变化情况,并根据可能发生的情况,采取相应的配套设施,以防止在意外情况下造成技防设备的损坏。南通博物苑地处我国东部沿海地区,每年的5、6月份为雷雨多发季节,常遭雷雨袭击。每当遇到这种情况,我苑老馆区就有多块报警收集器损坏,而新馆区的报警收集器却一直保持良好。是什么原因形成这种状况的呢?我们请这方面的专家来苑会诊,他们告诉我们,新馆区安装了建筑防雷、通讯防雷和电器防雷的配套设施,而老馆区原来只有建筑防雷设施,在安装技防工程时,没有同步安装通讯防雷和电器防雷设施,所以打雷时就出现了两种不同的结果。查到了原因后,我们马上请市气象局的专家制订了技防工程通讯防雷和电器防雷的实施方案,上报市政府申请专项资金,并计划在下一年雷雨季节到来之前实施这一方案,以确保老馆区的技防工程在恶劣气候中也能正常运行。

五、安排监控室人员要坚持启用年轻人,还要考虑文化和专业知识水平

我苑的监控室人员分4班,每班2人,共计8人。起初为了消化苑内转岗的人员,经过较短时间的培训后,将其安排进了监控室,他们中多数人员年龄偏大,学历偏低,专业知识偏少。实践下来的情况是:这些人员的优点是责任心较强,思想比较集中,屏幕上有情况能及时看到,并在第一时间反馈信息。例如有一次苑外一名儿童将鞭炮扔进我苑草坪上,造成草坪着火,监控室人员发现后马上通知有关人员,及时将火苗扑灭。但是,由于是"三偏"情况,相对来说,他们掌握的技能少,在遇到技术故障时处理起来速度较慢。为了解决监控室人员年龄偏大问题,培养新生力量,我们在2009年上半年招聘了两名本地户籍,年龄在二十五周岁以下,大专学历且熟悉计算机技术的人员进入监控室,部分改变了监控室人员的结构,提高了监控室的管理水平。实践证明,监控室人员需要年轻化,并要具备相当的文化和专业知识,这样才能从人力上保证技防工程的正常运行。

以上仅就我苑在实施技防工程中碰到的一些问题谈了自己的粗浅想法,不一定正确,况且各地又有各种不同的情况,不能一概而论,说的不妥之处,敬请各位专家批评指正。

几种要素在展览设计中的应用研究

——以南京孙中山纪念馆《世纪伟人孙中山》陈列展览为例

程薇薇　刘碧玉

一、陈列展览六要素及其应用

随着社会发展的需要，纪念馆现已成为传播历史文化、实现全民素质教育的非营利的永久性机构。因纪念馆社会职能而生的纪念馆陈列展览，成为一种以物质形态表现的知识传播系统，是纪念馆进行社会教育活动的主要手段，它集中体现了纪念馆的性质和类型，体现了纪念馆藏品的水平和馆内科学研究、管理工作的水平，是纪念馆各项业务工作的综合成效，也是衡量纪念馆质量高低的重要标志。纪念馆"为社会及其发展服务"职能的充分发挥，就取决于实施这种职能的载体——陈列展览的社会化程度、为社会服务的效果。要使纪念馆陈列展览获得社会及观众的认可，关键是如何按社会、观众的需要，对展览设计中展品、布局、图文、照明、色彩、声像等要素进行合理运用。

（一）陈列展览包含的要素及其作用

1. 展品是陈列展览的血肉，是一个展览的核心，是展览不可或缺的内容，一个优秀的展览离不开有特色的展品。展品记录并传达着特定的历史文化信息，不仅是形象化展示艺术的载体，而且具有文化概念和历史属性，具有承载历史文化、反映历史文化和标示历史文化等多重功能，这也正是展品存在的历史价值和文化价值，它直接决定着现代空间形体语言的创造和信息的传播形式，是现代展示设计艺术变化发展的物质基础，并在一定程度上对空间的创意构成具有制约和意指的双重作用。

2. 布局是指一个展览的空间的形式、展品的摆放位置、展线、环境布置、展厅空间的分割和再造、设施设备的配置、展品密度与节奏的把握等等，包括平面的、立体的、空间的处理，是展览的骨架，直接影响着展览的展示效果。

3. 图文主要是指文字说明、图解、照片背景等几个方面。它有着与展品同样重要的作用，特别是在一些小型展品的展厅设计中，图文的重要性更显得突出。它起着传递展览相关信息给观众，并促使其对展览留下深刻印象的作用。

4. 照明主要是指灯光的运用，灯光不仅能展示展品，还能将展品的魅力充分展示在观众面前。展厅光环境的布置效果直接决定着展览的效果。因此创造良好的光环境是陈列展览设计的重要内容。通过灯光的丰富变化，可以给静止的空间增加动感，渲染展厅内的色感和质感，从而增强表现力。特别是在陈列历史文物时，在空间和光影的相互作用下，可以让展品和场内道具焕发出更加丰富的色彩。所以说，照明作为纪念馆陈列的"特有语言"，是不可缺少的元素和材料。

5. 色彩一般是出于烘托展品或美观的考虑，但从陈列语言角度利用色彩，则主要起传意作用。色彩的感情价值包括客观的、生理的、联想的及心理的感觉等四项内容，在所有艺术表现形态中，色彩是最易感染人的心理，使之产生好、恶判断的因素。

6. 声像主要包括电影、闭路电视和幻灯，音响设备（背景配音、聚音罩、耳机）、场景复原、幻影成像、微缩景观等，是陈列展览重要的辅助设备。这些陈列手段的采用是多样化的，动与静结合，虚拟与现实结合，注重历史过程的展示与再现。声、光、电的运用加强了对展品所含信息的诠释和解读，充分展示展品的内涵，让"展品说话"，充实陈列内容、丰富陈列形式,强化陈列主题,使展览的内容更直观明了,突出展示效果,增强形式美感,吸引观众。

(二)如何实现六要素的合理运用,以达到一个展览设计的最优化

陈列展览是一门综合艺术。展示设计是按照最优化的目标,在限定的空间内,将展品、图文、照明、色彩、声像等要素合理运用,创造出一个适宜的环境,以供人参观,欣赏。观众是有情感、有理智、有思维的生命个体,陈列展览必须从观众出发,以观众为本,注重人文导向,走"人格化"的设计道路。陈列艺术诸多要素的交叉使用,更构成了设计上的千变万化。我们在掌握这些运用法则时,都要强调统一调和,从形式结构上概括为内在的平衡和外在的统一。因此我们认为一个优秀的陈列展览设计,不是简单要素的组合堆砌,关键在于取舍,在于合理运用。

1. 展品的安排直接影响着陈列展览的质量,要为观众提供一个生动易感的陈列展览,就要在陈列形式上达到对展品"意义"的激活,以综合、系统、动态的观念去处理展品,克服深奥、单调和呆板的形式,营造出陈列的文化氛围,通过陈列把观众带到特定的情境氛围中去。展品的安排应和展览主题及展厅空间科学统一,在统一过程中应注意以下三点:

(1)展品的排列要符合历史顺序和因果关系。历史顺序清楚,因果关系明确,是对陈列的基本要求。只有如此,讲解员才便于讲解,观众才易于理解。在实际工作中,有人可能忽视这个问题,特别是对时间性要求不强,或不大注意内在的因果关系。事实上,任何细微之处,譬如一张照片、一份文件、一件文物,都是整个陈列的细胞,它们之间的关系是否清楚,关系到整个陈列的效果。搞得好使人意顺心明,搞得不好使人心疑意惑。

(2)展品规格和位置的处理要科学地反映陈列提纲、陈列计划的要求。照片的形状、尺寸和文件、文物的位置不是随意的,除了它们自身条件的限制外,我们应力求反映陈列思想。反映重要内容的照片、文件、文物应在外形装饰、尺寸、位置等方面予以特殊的处理。

(3)展品的安排要符合展厅(展间)的要求。展厅(展间)的大小决定展板的尺寸和数量,展厅(开间)的造型决定展品的位置和组合。这个问题从绘制陈列草图时起,就应得到足够的重视。解决得好,陈列内容就能充分表现,陈列效果就会更好。

2. 在布局上总体的要求是,无论是平面的、立体的还是空间的展示,都要做到既要有变化又要合理,空间路线应宽敞、通畅。立像尽意,手段要变而贯,体势要奇而稳,摆布要疏密有致,处理空间,以借景、分景、隔景来造景。要一反精辟的分析、明晰的章节,严谨的程式,而着力于观众的随意选择和"自我感应"。

纪念馆陈列的整体氛围要求,应依主题、内容、规模、风格的不同,在一个陈列展览中营造几个能引起观众高度关注和兴趣的"看点",并在展线中形成相应的高潮,使整个陈列波澜起伏而引人入胜。这种看点如何营造呢?按照现代展示理念,首先在陈列体系上对以往面面俱到、平铺直叙的"流水账"模式予以改进,如改用"串珠式"、"板块式"、"头-腹-尾式"、"多元式"结构等。同时,要在符合主要要求的情况下,敢于取舍,真正实现大手笔,即舍得在内容、空间、手段、设备、投入等方面调动更多资源集中用于突出陈列重点。在看点营造中,如能结合恰当展品及其组合来表现当然最好。即使没有更多合适的展品,也应根据主题要求,运用各种手段,来营造出彩之处。可以使用的手段包括大型浮雕、巨幅油画、半景画、全景画、蜡像组合、多维演示、影像与模型合成等等,应力求让观众印象深刻,得到新颖、生动的体验。

3. 图文的优劣直接影响展览的质量和水平,因此要做到准确、合适。展览说明中文字的大小、字体及配色应以人的高度和视觉环境等多种因素来确定。设计说明文字,我们需要一改以往枯燥乏味的器物罗列和教条式说教方式,而采用一些通俗易懂、引人入胜的方法设计说明文字,以激起观众的参观兴趣。在对展品的说明上,及展厅、组、单元的主题解说词部分,都应适当地运用文学性的语言。修饰得当的形容词、副词、排比句型、比喻等修辞手法,会增加观众的阅读兴趣,使得陈列摆脱理性十足的"学术论文式"面目,获得感性色彩。对观众来说,实物展品和文字说明两者间实际存在着争夺参观精力的可能性,过多地阅读

文字,势必减少了对实物展品的关注,这与纪念馆的本来目的是相矛盾的。纪念馆希望观众在走出展厅后脑子里能对实物展品留下印象,而不希望他们的记忆中仅仅是一段段的文字。说明文字应简练,不宜过多,说明文字过多,会使陈列展览缺少含蓄蕴藉,变得直截了当,难以调动观众参观的积极情绪。同时还应注意,文字说明上减少专业术语的出现,可以大大提高展览的通俗性和可读性。

4. 展览照明一般是为了增加观看的清晰度。其主要功能并不在于增加展品观看的清晰度,而是把它当作一种本身具有传意功能的视觉媒介物来利用的。或者说,取其象征作用,而非取其一般实用意义。要充分意识到人的感觉极限,可以避免过强或过弱的刺激,使形象、色彩等达到适宜的强度,给人留下鲜明的印象。

文物陈列的照明环境设计要根据陈列的内容来设计,应遵循以下原则:

(1)明确照明设施的功能和用途,确定通过照明设施所要达到的目的及气氛要求,为纪念馆创造出具有特殊文化氛围的照明环境;

(2)确定适当的照度,根据文物陈列的目的和文物保护的有关规定选择适当的光照和照度分布图;

(3)根据照明质量的要求,确定亮度分布和陈列文物最亮面的明度与最暗面的明度之比,同时还要考虑主题文物与背景之间的亮度比与色度比;

(4)选择适当的光源,为此需考虑色光效果对观众心理的影响,光源发光效率的比较、光源的使用和更换时间,灯泡表面的温度对文物的影响等;

(5)确定照明方式,需根据展陈要求,选择照明类型;

(6)选择相应的照明器具时,灯具效率和亮度、灯具的形式与色彩都要与展陈文物及内容相匹配;

(7)对照明器的布置进行规划,计算直射照度和平均照度;

(8)电器设计定位,对电压、光源、照明装置的供电系统图进行合理选择;

(9)进行经济核算确定维修保护措施,如核算电器费用和使用费用,采用高效率的光源及光风,结合自然光的利用,选择易于清扫、保养、维护且更换便捷的灯具。

照明环境的优劣代表了纪念馆陈列展览的品位和设计素质,不仅满足人们视觉功能的需要,而且是一项重要的设计资源。配置设计独到的光照环境,做到让"物"说话,是高品质陈列的必备条件之一。

5. 色彩的使用应根据展品及展览的风格来选择。参观者往往将展品与特定的色彩联系起来,两者相配,使用相联系的色彩来装饰展台、表现展品就会使人产生一种"符合逻辑"的感觉,有助于记忆。相反,如果色彩与展品之间严重脱节,两者不配套,需要观众去生硬地记忆,那是不现实的。此外,陈列展览色彩设计还有一个简洁性原则,色彩变化过多则容易引起视觉疲劳,反而达不到突出醒目的效果。运用纪念馆标志中的标准色及其近似色,则能非常便捷地解决以上问题。标志的色彩设计应该具有极强的精确性和简洁性。色彩设计是陈列展览设计中关键的一环,是成败的重要因素。如何体现展品,如何吸引观众,如何投其所好,以求得观众感情上的共鸣,都是值得设计师进行仔细推敲、把握的。

6. 声像新技术在纪念馆陈列中的运用,关键在于要与纪念馆特色相和谐,让观众在不知不觉中感受到新技术为他们带来的方便,同时也使展览更具观赏性、亲近感和时代特征。要达到这些要求,设计人员应对展览的主题和特点、形式美的规律(图像、声音、色彩的应用等)、观众心理的要求(对展览的心理感觉、听觉效果、视觉高度和角度等)这三方面因素进行综合考虑。同时也要根据展示空间的大小,考虑展览的安全因素:文物的保护及观众的安全操作。观众的参与明显有助于动态的陈列。利用演示和动作,声像和光电的律动来加强展示环境的丰富变化和吸引力,就可以做到静中有动,动中有静,动静结合,形式变化,让观众身临其境地体验,留下良好的印象。

二、几种要素在南京孙中山纪念馆《世纪伟人孙中山》陈列展览中的具体应用研究

南京孙中山纪念馆的《世纪伟人孙中山》展览,展品丰富多样,陈列布局重点突出、疏密有致,展览风格简洁明快、流畅并富有韵律,融功能性与艺术性、学术性和观赏性为一体。整体展览个性、特色鲜明突出,综合运用艺术和科技手段,强化了景观、场景和人性化设计,体现了内容与形式的统一、科学与创新的统一、教育与休闲的统一。展览六要素在这里得到了很好的运用,不仅再现了孙中山先生的革命足迹,突出了中国历史在这里的转折,而且呈现了孙中山博大精深、继往开来的思想。

（一）展品

此次陈列展览的主题是再现孙中山的革命生平和伟大思想,展示以中山陵为核心的特色文化和历史。围绕这一中心和主题,内容设计方案从宏观的总体设计到微观的展品处置,都有详细严谨的规划,展品与辅助展品的配搭、编辑与组合等方面都得到重视。

纪念馆的特征是它的"实物性",真实的物品是纪念馆一切活动的基础和出发点。陈列的展品根据有关文献资料认真研究了其在承担表现主题上的地位和作用,综合考虑了藏品的真实性、独特性、典型性以及外在表现力。辅助展品的选择和运用根据陈列展览的特点和需要,运用电脑合成图、电子书、三维动漫、宣传片、场景、局部复原、雕塑等诸多表现形式,达到了拾遗补缺、互为补充、深化主题的效果。

复原式的展览就是在陈列设计中尽量为观众提供一种现实的生活场景,使观众身临其境地直接感受文物和历史,这样的展览更具亲和力,能够拉近观众与历史文物的距离。例如在第一部分"孙中山生平",有一个富有震撼力的大型场景——翠亨村全景图。设计了19世纪60、70年代翠亨村的整体面貌,传统中国的山青水秀,制作精美的孙中山故居模型,加深了观众对孙中山诞生之地的直观感受,达到了较好的展出效果。还有"起义门"的大型雕塑景观,这一戏剧化的舞台造型,把人们从现实带入了那烽火连天的历史时刻之中。

展厅根据陈列专题内容的变化而营造不同的氛围,文化含量高,趣味性、互动性强。展线长140米,共展出各种图片135幅、文物135件(含复制品)、有关孙中山的图书48册、美术作品20件(幅)、图表7个,大型景观3个,其中许多珍贵文物是第一次与观众见面。如宋庆龄谒陵、毛泽东谒陵、"三党"主席谒陵的珍贵图片。展览分布在四个展厅,既有通史式的陈列,如孙中山的生平和中山陵的今昔展览,又有专题展览的形式,如中国国民党、亲民党、新党"三党"谒陵及孙中山思想、中山陵环境综合政治等专题展览。整个展览的内容设计及表现形式精彩纷呈,独特的视角,立体的展示,令观众耳目一新,激发了广大观众强烈的参观热情。

（二）布局

此次的陈展由于空间有限,不得不谨慎地考虑空间特点所带来的局限性、观众的空间承受力和视知感受,充分考虑陈列形式设计在处理展线和空间形态,并有效把握其间的平衡,主要是怎样对面积不大的展厅功能空间做到恰到好处的配置。

1. 采用大块面的展板。设计师打破了常规陈列所规定的展板高度与观众视线之间的数字标准。如翠亨村全景图的展板自地面直到墙体顶端,扩大了观众的心理空间;

2. 展板上大量采用大画面,如孙中山就任临时大总统的巨幅油画,画面开阔,造成了相当强的空间扩大感;

3. 在展柜的使用上,利用大体量的壁柜,通过玻璃的透明感和反射光线的功能增强了空间的远离感;

4. 展厅中的射灯、吸顶灯、暗槽灯和嵌入式灯具给天花板带来一种升高感,空间就在这种升高错觉中得到扩大。

另外,在参观路线中还增设了消防灭火器、安全通道、中英文指示牌等设施,楼梯口处都设有供游人休息的长椅。

这些形式设计手段和方法有效配合了功能性的空间构造,使空间单元变化多姿。空间关系呈平面横向式多向延伸,极大地缓解了空间结构的局限性,同时又注重了展厅设计的安全性,充分考虑了人性化的空间设计理念,方便了游客,使展厅的空间设计变得更为合理有序。

（三）图文

图文有着与展品同样重要的作用,在展厅设计中,图文的重要性更显得突出。它起着传递相关信息给观众,并促使其留下深刻印象的作用。精心创作的巨幅油画《孙中山就任临时大总统》再现了那个庄严的时刻,油画旁边配以大总统宣言书、国民政府公报、孙文之印和当时发行的邮票、纪念币等珍贵文物。

在所有辅助手段中,文字说明显得尤为重要,主题要靠文字来点明,文物也要靠文字来展示、推衍和深化,如在第一展厅有孙中山先生行医用过的医疗器械,因为是复制品,所以都有明确标明。展板上文字说明都简要规范,准确切题,科学地限定字数并保持风格统一。文字的使用有许多需要注意的规范:文字太多则观众来不及细看,少则不能说明主题,不能通俗易懂、富有趣味性和个性;说明文字应尽量使用简化字,避免使用生僻字等。此次展览不仅注意了以上问题,而且全部说明采用中英文对照,标签及说明与照片在同等视觉范围,观众不必走近看标签、再走远看图片。在同一版面上,利用标题、图片、说明文字等要素进行大小、粗细、方向、线面、虚实、冷暖等方面的对比,避免了琐碎无序、杂乱无章。

(四)照明

照明是展示设计中最基本的构成要素。为了展示的艺术效果,需要采用多种采光和布光手段,提供良好的视觉环境,但从展品保护的角度又必须尽可能地使其免受光辐射的损害。因此《世纪伟人孙中山》展览在设计中充分考虑了这一问题,展厅除基本照明外,全部采用自动感应的照明系统和影音设备,既节约能源,保护文物,又为游客提供周到、细致的服务。

为了烘托翠亨村山青水秀的自然景色,孙中山故居的灯光运用了富有生命力的浅绿色予以配合,并用透明的玻璃屏风映射出淡淡的影子,增加了场景的渲染力和真实感。宋庆龄在北京碧云寺守灵的投影幻灯片表现了孙中山逝世后举国哀恸的情形,其色调和光线则运用了黯淡的灰白色,体现了当时肃穆、庄重的哀悼氛围。

(五)色彩

展厅设计的服务对象是观众,应从各个方面想方设法让观众产生良好的感觉,色彩也不例外。色彩设计是展台设计中关键的一环,是成败的重要因素。如何体现展品,如何吸引观众,如何投其所好以求得观众感情上的共鸣,都是值得设计师进行仔细推敲、把握的。

对于我们这样一个历史性题材的展览,在色彩上以厚重、沉稳的低调为主,以反映一种沧桑的历史变迁,传统文化的凝重。同时,大量使用白色作为版面色,给人带来清净明朗的心理感受,拉大了观众与展板之间的心理距离。展板基本都以黑白色为主,增强了历史感。为了更加鲜明地突出景区发展带来的变化,也有些展板用的是彩色图片,例如"三党"谒陵时的照片、新建的梅花谷公园、琵琶湖公园及《实业计划》等。而每个展厅的展标,版面底色均为蓝色,"孙中山生平"文字为橘黄色,其他小字为白色,这样,便很容易从周围展位中"跳"出来,使参观者能轻易地"发现"展览的内容。

(六)声像

在此次陈展中,我们还运用了大量的多媒体表现形式。

第一部分"孙中山生平"中,孙中山会见李大钊的蜡像,按照真人1:1的比例制作而成,生动而逼真的场景,配上自动感应的聚音罩播放时代背景,把观众带入了国共合作的历史时期。这时的孙中山实现了认识的伟大转变,并为联俄联共开始了新的革命征程。最后部分则展示了他于1925年3月12日病逝于北京时,举国同哀的场面。

第二部分"中山陵兴建",再现了孙中山逝世后举国哀恸的情形和建陵钟山的历史。透过北京碧云寺主题建筑模型前面的透明玻璃,观众可以看到当时宋庆龄在此守灵的情形,走近时,伴随着聚音罩下孙中山逝世后各地哀悼情形的讲解录音的播放,玻璃上显示出各地谒陵情形的幻灯片图样。观众顺着展线自然地走到了一面超薄大型液晶显示屏幕面前,这里播放着采用高科技手段制作的三维建筑动漫《中山陵》,它以摄影形式再现了孙中山病逝后中山陵兴建的全过程,采用先进的三维动画技术与数码影视特技相结合,充分运用高科技的优势,全方位多角度地再现了中山陵建造的经过,凸现了陵墓独特的建筑风格,同时融入了丰富的史料解说,对中山陵的三期工程、园陵建设等内容进行全方位的表现。《中山陵》运用完整的表现手法使得中山陵陵墓和陵园建设的过程等更直接、更形象地展示,观众只要通过4分钟形象、直观的欣赏,便能够对中山陵的建造过程有一个全面的了解。这是南京孙中山纪念馆首次将三维建筑动画漫游技术运用于陈列展出的一项创新。此前该技术通常运用于建筑行业成果的宣传展示,南京孙中山纪念馆陈列中运用这项新技术,可以说是一种大胆的突破。

第三部分"中山陵今昔"的《今日中山陵》多媒体宣传片展示了中山陵日新月异的可喜变化、闻名中外的陵园附属建筑和景区近年的环境综合治理工程。《巍巍钟山》多媒体宣传片的播放,使观众在更多了解孙中山和中山陵的同时,可以发现鲜为人知的很多珍贵资料,如建国后毛泽东、宋庆龄谒陵中山陵的历史图片,也可以通过具有历史意义的代表性图片和《连战、宋楚瑜、郁慕明拜谒中山陵》等多媒体内容重温"三党"谒陵的盛况。

第四部分"孙中山思想"将深层次的思想内涵通过多媒体、视频录音、电子书等高科技手段形象、生动地展示给观众。孙中山的三民主义电子书,包括民族、民权、民生三部分,分别通过个人操作形式和可供多人观看的数字视频形式呈现给观众。旁边的孙中山演讲录像和录音,通过大屏幕下方的耳机感应播放,再现了一代伟人生前演讲的魅力风采和不凡的气度。在观看《振兴中华》、《纪念一代伟人孙中山》等多媒体宣传片的同时,观众可以细细品味孙中山留下的宝贵精神遗产,包括他的孙文学说、五权宪法、建国大纲、实业计划、建设青藏铁路等最具代表性的影响深远的思想著述和建设计划。参观完主题内容后,观众还可以在多媒体上参与趣味互动答题活动,进行电子签名和多媒体留言。

社会的发展,人们对精神产品的渴求,进一步凸现了博物馆、纪念馆的社会教育功能。以后我们还将不断努力,提高陈列展览的水平,在陈列展览设计思想、内容、形式上突破创新,合理运用展品、布局、图文、照明、色彩、声像等六要素,制作出融知识性、趣味性、科学性、艺术性于一体的高品位的陈列艺术"精品",从而为观众提供质量高、内容丰富多彩、形式多种多样、寓教于乐的精神食粮。

参考资料:

张用衡《博物馆艺术特征之我见》,《中国博物馆》1989 年第 1 期

罗安鸽《博物馆观众审美的现代意识》,《中国自然科学博物馆协会第七届博物馆学讨论会论文集》,1994 年

李文伦《陈列设计中兼顾声光电技术应用的几个问题》,《中国博物馆》1998 年第 1 期

王杰《陈列设计中形式法则的思考》,《中国博物馆》1999 年第 4 期

刘卫华《观众审美心理与陈列设计的艺术追求》,《文物春秋》2000 年第 4 期

韦纯学《陈列设计中的"形式"和"内容"小议》,《中国博物馆》2001 年第 2 期

刘卫华《陈列设计的"人格化"道路》,《中国文物报》2002 年 3 月 8 日

俞敏敏《陈列设计中的几个流派及启示》,《中原文物》2003 年第 1 期

陈同乐、殷志强《多元的陈列设计风格》,《中国博物馆》2003 年第 2 期

江涛《多元的陈列设计风格》,《东南文化》2003 年第 5 期

邢仪《陈列设计的时尚》,《中国文物报》2004 年 11 月 19 日

杨源《谈新时期博物馆的建设》,《中国民族学会第七届全国学术研讨会论文集》,2004 年

陈克伦《创造精品陈列展览,坚持不懈服务公众》,《回顾与展望:中国博物馆发展百年——2005 年中国博物馆学会学术研讨会文集》,2005 年

朱雅娟《有关博物馆陈列设计的几个问题》,《回顾与展望:中国博物馆发展百年——2005 年中国博物馆学会学术研讨会文集》,2005 年

李剑文、唐涛《新世纪基层博物馆的观众定位与陈列设计》,《周口日报》2006 年 9 月 18 日第 6 版

博物馆信息之我见

张永春

　　21 世纪，人类社会进入了一个高度的信息化时代。在本世纪里，信息凭借强大的力量，占据了人类社会发展中的重要位置：信息不但成为当今社会真正的财富和经济运行中的主要因素，并渗透到了社会各个领域，决定着每个行业的发展步子。作为传统行业的博物馆毫不例外地受到了信息革命的冲击和影响，面临淘汰、生存、发展等诸多现实问题。作为博物馆工作者，必须适应时势，科学地认识信息时代的博物馆。下面，本人简单阐述一下自己对博物馆信息的理解。

一、正确认识博物馆信息

　　"信息"既是一个十分古老的词汇，也是一个十分现代的概念。它最早出现在汉语文献唐代诗人李中《暮春怀故人》诗中，"梦断美人沉信息，月穿长路倚楼台"，表示了"音讯、消息"。近几年，随着人们的广泛使用，它成了一个最耳熟能详的词，其确切的含义已众说不一，但信息概念却被在各个领域广泛地采用。当我们以"博物馆"将信息加以限定时，从广义上来说，"博物馆信息"是指博物馆内各方面产生和包含着的信息。它可以具体到博物馆每个部门每天每时的日常工作，如展览举办信息、教育活动信息、单位人事变动等等。而我们通常说的"博物馆信息"主要指博物馆藏品及藏品组合即陈列所蕴含的信息，简称"藏品信息"或"馆藏信息"。"藏品信息"所包含的内容是全方位的，既包括文物外在的造型、色彩、纹饰、制造工艺信息、化学物理成分信息和文字记载传递的信息，也包括内在的信息如多年沉淀的民族学、民俗学等社会学信息和历史信息。另外由于研究者或欣赏者角度、层次的不同，也将发掘出同一文物的不同层次、不同角度的信息。下面文中讲到的博物馆信息主要指的就是"馆藏信息"。

　　博物馆信息从属于一般信息的范畴，因此，它具有一般信息的共同特征：客观性、可感知性、可传播性、可贮存性、可共享性。同时又有其本身的特殊性，博物馆藏品是以实物形式保存的人类文明和历史文化，它是历史的见证和缩影。作为藏品，本身所具有或经后人研究发掘得到藏品信息既具有一般信息固有的特征，又具有本身的特有征象。这里我们将其归纳为如下四点：

　　（一）过去性。藏品信息是一种回顾性、历史性、昔时性的信息，是对早已发生的自然现象和社会现象的记录、描述和反映。作为信息载体的物——藏品，它本身就是流传多年的文物，最早可以追溯到地球形成、生命诞生、人类起源时的遗留物品。因文物的过去性，也决定了其信息的特性。过去性是博物馆信息与当前我们每天所见的大众媒体信息、股票市场信息等最大的不同。在信息爆炸的今天，信息瞬息万变，昨日新闻、上午消息乃至一小时前的信息都会很快失去新鲜感。信息的时效衡量了信息的价值。而博物馆信息却正是以这种过去性体现它的价值。

　　（二）唯一性。过去成为了历史，无法重复、不可再生，这就是文物的唯一性。博物馆内的许多藏品都是世界独品，这些藏品所反映的信息也是唯一的。有多少文博专家因找不到反映某一方面问题的文物而遗憾，却也会因为偶得某件文物，得到前所未有的历史信息和社会信息，从而取得学术上的重大突破。任何一件文物，它所蕴含的信息里有许多独一无二、不可替代的东西。我们也能看到，唯一性形成了文博学术界论点争论激烈的局面，学者们可以对同一件文物或同一问题发表各自不同的看法，但随着历史发展和不断研究，最后终会逐渐接近真相。

（三）知识性。众所周知，博物馆已越来越被人们所重视，并成为启人心智的终生教育场所。博物馆正是通过其独有的历史文化信息进行社会教育的。博物馆作为配合学校教育的第二课堂，能够使人们在这里获得在书本上、学校里无法得到的知识。严建强教授在他的《人类文化遗产与历史文化资源：博物馆文化社会功能漫谈》中说："在博物馆的展览中，原先孤独的物品被整合在一个有机的系统中，一定程度地恢复了时代的和历史的联系。当它们以一种再现的方式重新置于当时的生活情景中，它所蕴含的历史文化内涵就被揭示出来，成为观众的信息之源和知识之源。"

（四）价值性。"信息就是经济"这是市场经济中对信息的定论。在竞争激烈的市场中，一条及时有效的商机有时能救活一个濒临倒闭的企业。但是，每天充塞耳目的大多数信息，其价值观往往是单一、狭窄的。如果某报纸刊登了"某某外国公司欲从中国进口大量圣诞节玩具"的消息，这对于一个玩具制作厂和食品加工厂完全是价值不同的信息，但又可以说，这条信息对于大多数人来说是毫无价值的。毋庸置疑，任何一件文物，对于任何一个人来说，它都是有价值的。通常人们都以"价值连城"、"无价之宝"、"传家之宝"等来形容文物的价值。或许在大多数人看来，文物所体现的只是经济价值。但对文物专家或学者来说，每一件文物不仅具有能够以数字计算的经济价值，更可贵的是它蕴含着无价的历史价值、文化价值及艺术价值。

二、了解当代博物馆信息的产生和传播

博物馆信息有其产生、贮存、传播等一系列的过程，这里我们着重探讨其产生和传播的过程。由上可知，博物馆信息具有过去性和唯一性，可见藏品信息是文物本身固有的，是历史沉淀下来的，我们所作的只是对其进行发掘采集和研究探索。

传统博物馆的信息主要来源于专业人员通过对文物的潜心研究制作的系列文物档案、发表的论文和撰写的专著等大量文字信息。当代博物馆的信息越来越丰富，既包括静态的文字、图片信息，还包括动态的视频、音频信息，不仅有来自馆内的信息，更多的是来自馆外的信息。现代高科

技技术是现代博物馆全面、细致收集来自馆内外的动态信息的常用手段，如数码相机、扫描机、复印机等的使用，网络平台的应用更成为博物馆收集信息的必要手段。浙江省博物馆网站开发的"学术专题库"平台，包括了专题介绍、专题资料等基本信息，又有动态的专题展览、专家访谈等视频信息。该平台还充分利用网络的互动性，由网友向专题库提供海内外文章、书刊的馆外信息，如此构成的专题库信息是全面而又丰富的。

博物馆信息的传播及其传播效果同样受到了文博工作者及观众的关注。博物馆拥有的信息有目共睹，而博物馆只有通过向整个社会传播这些信息，使得人们接收和认识这些信息，对我们现实的社会和生活起促进和指导作用，这样才能向社会显示博物馆存在的意义和价值。对于当代博物馆信息的传播我们重点从下面两方面来阐述。

（一）以观众接受信息的方式来看，博物馆信息传播可分为直接传播和间接传播。因博物馆信息以藏品及藏品的组合——陈列为信息载体，这一特殊性决定了博物馆信息传播的主要方式是对藏品的直接接触和观察。直接接触是人对物最真实的感受，同时藏品所蕴含的信息是很丰富的，是要在不断的接触研究中被发掘的，因此直接接触也成为博物馆信息传播的最佳方式。自古至今，亲手触摸、欣赏每件文物是所有文物爱好者最大的心愿，是文博专家们从中获取学术论据最可靠的第一手资料。同样，广大观众也希望能够亲眼目睹那些文物珍品和精品。陈列展览是博物馆传播信息的传统方式，其重要作用之一即是向观众展示那些珍贵的馆藏文物。但由于文物的不可再生性，为了保护文物，直接接触文物的权利一般只限于文物工作者。观众不仅不能接触文物，而且据统计可知，国内大部分博物馆，常年通过展览能向观众展示的文物只是馆藏文物数量中很小的一部分。在许多文物展览中，一些精品中的绝品，博物馆一般以复制品取而代之。为了满足观众获得更多博物馆信息的需要，多年来博物馆在信息传播上想方设法，一方面向国内外引进和推出展览，在博物馆之间进行频繁的展览交流，以扩大信息传播面；另一方面通过各种媒介传播信息，充分利用书写媒介、印刷媒介、广播媒介、影视媒介等手段。我们看到，所有博物馆都通过藏品卡片、档案

等文字形式,向大家提供着普及性的藏品信息。同时多数博物馆还出版具有本馆藏品特色的画册、书刊,或简单介绍资料。一些博物馆也在与广播影视部门联合,通过电视广播传播信息,扩大其影响,如在一些教育、科技性的广播电视频道开辟一些介绍历史文化和文物欣赏的栏目等。

(二)随着计算机技术的发展和网络的普及,为信息的传播带来了一次重要革命。网络传播具有高度的综合性,它兼有印刷媒介的可保存性和可查阅性,又有电子媒介的新鲜性和及时性,还具有自身的图文阅读和音像视听性;网络传播还有充分的交互性,它改变了以往人际传播中"点对点"的"对话式"双向传播和大众传播中"点对面"的"独白式"单向传播,它是一种互动式的网络传播,是一种全新的创造。如当前流行的网上购物、远程教育、电脑会诊等都是交互传播形式。在博物馆行业,以故宫博物院、上海博物馆等为龙头,全国许多博物馆都纷纷建立了网站,有的通过网站宣传博物馆的形象、介绍博物馆的情况、发布馆内的活动信息等。我们在网上可以看到,故宫等博物馆的网站内容丰富,全天24小时向观众展示馆藏文物信息,满足了广大观众获取更多博物馆信息的要求。当前盛行的"网上虚拟展览"提供了有别于现实陈列的新的展览形式,展览题材新颖,规模小巧,内容深入浅出,形式灵活多样,让一些受现有条件限制尚未展出过的文物得到了与观众见面的机会。观众在这里欣赏到中华民族丰富多彩的传统文化精品,也获得了充分的艺术享受。网络实现了博物馆信息资源的真正共享,网络传播将成为博物馆信息传播最重要的方式。

三、充分发挥博物馆信息的作用

在信息社会经济时代,人们认识到"信息－知识－利润"的紧密关系,这充分体现了信息的经济价值。经济价值决定了信息对人类社会的作用。作为博物馆信息,同样为社会、为人类的发展起着重要作用,它的作用是有目共睹的,我们侧重以下两方面来说明。

(一)博物馆信息为专家、学者进行学术研究提供了丰富的材料和证据。每一件文物都有特定的年代及历史背景,让我们能够通过各个历史时期的遗物认识不同历史时期的政治、文化及生活习俗。有时通过对一个遗址的考古发掘,根据获得的物品的质量、种类、数量等,我们可以知道:那个遥远的年代人们依靠什么生活?生活方式怎样?人们还有什么样的追求?我们现在的生活和那时有着多少联系?同时,一件文物显示出的诸多信息,不仅仅对历史学家、考古学家来说是有价值的,其使用材料、制作工艺、纹饰和图案的创造等艺术信息,也为艺术家、美学家们提供了可贵的资料。

丰富的博物馆信息,可分为具象的形态信息和抽象的内在信息。所谓具象的形态信息,就是通过文物的外形、色彩及构造等显示出的信息;而抽象的内在信息则是文物内在的历史信息,包括那些已经通过研究被专家和学者发现的信息和有待专家学者发掘考证的信息。以一件古代青铜器文物为例,它的制作材料和造型特点能让我们知道器物的制造年代及古代文明的进程;而青铜器精良的铸造工艺、高超的铸造技术则反映出了当时的铸造水平和生产力水平;通过青铜器上华丽多样的纹饰构图,我们也了解了古代人们的审美情趣和宗教信仰。不断研究、考证和完善博物馆信息,是为将来的研究者提供充实和正确材料的必要条件。

(二)博物馆信息的知识性,赋予了博物馆强大的社会教育功能。社会教育是完善博物馆信息的最终目的。博物馆能够利用馆藏文物和标本,通过陈列展览及其他方式形象直观地向观众传播历史信息和先进文化信息,对大众进行爱国主义和社会主义教育,提高全民族的科学文化水平。国内外许多博物馆在面临生存和发展的现实问题时,把社会教育当作自己的主要任务。并利用博物馆优势形成了有别于其他教育机构、富有博物馆特色的物化教育场所。在教育越来越受到重视的今天,学校教育已远远不能满足人们的要求,多层次、多形式、全方位的"回归教育"、"终生教育"已成为必然。而博物馆中珍贵的历史、文化和艺术资料,正是进行大众爱国主义教育、文化艺术教育、道德教育、精神文明教育的最佳教材。博物馆以其丰富、多种类的文物资源进行社会科学、人文科学与自然科学多学科交叉的教育活动。实践证明,博物馆已成为"提高国民素质的教育部门",成为配合学校教育让学生进行参观实践活动的重要场所。

为更好地发掘博物馆信息的知识性,现代博物馆积极改进各种传播手段,在当前最为普遍的是文物陈列展览形式的改变。博物馆不再拘泥于固定的基本陈列。为弥补永久性陈列单一、变化少的这种情况,博物馆一般留有专门的空间,用来举办不定期的临时展览。周期短、形式多样的临时展览吸引了更多的观众。而一些专题性展览通过对某一文物或历史专题的专门研究,使传播的博物馆信息得到了进一步深化,观众从中获得了更深入细致的知识。随着 2001 年国际博物馆日主题"博物馆与建设社区"的开展,流动、巡回展览等受到了博物馆青睐。博物馆改变了传统的"等客上门"的做法,主动把展览送到社区、学校等,这不仅扩大了博物馆信息传播的范围,并从中取得了更好的社会效益。现代高科技在博物馆的充分利用,也提高了博物馆教育的作用和效果,如博物馆网站的创建、馆藏文物的数字化,展厅内触摸屏、电子讲解器的使用,使得文物陈列展览展示更为生动,观众接受教育的形式也更为丰富。

经过时间考验和积淀的博物馆信息,是先人留给我们的宝贵精神财富,我们应鉴古知今,与时俱进,让其更有效地在现代博物馆中发挥作用。

参考资料:

严建强《博物馆的理论与实践》,浙江教育出版社,1998 年

郡培仁《传播学导论》,浙江大学出版社,1997 年

汤小丹、王侃雅《计算机网络技术及其应用》,电子科技大学出版社,1997 年

淮海实业银行纸币价值探析

葛　莉

一、淮海实业银行纸币的艺术价值

在南通博物苑旧藏的纸币中,有一套淮海实业银行发行的纸币,这套纸币是张孝若任淮海实业银行总经理时发行的纸币。张孝若,张謇之子,生于 1898 年。学业完成后,随父经营大生企业,先后任南通学院校长、大生纱厂董事长、大达轮船公司总经理、淮南盐垦公司常务董事长、淮海实业银行总经理等职务。

这套纸币共有 3 种面值,分别为壹圆、伍圆、拾圆(图 1~3)。其规格分别为壹圆:长 15.5、宽 8.3 厘米;伍圆:长 16.6、宽 9 厘米;拾圆:长 17.6、宽 9.8 厘米。3 种面值的纸币正面皆为张孝若的头像,头像的右下角皆印有"淮海实业银行"红色印章。纸

币的四周均有装饰性花纹边框,边框四角上有留白的面值"壹"、"伍"或"拾";框内上部正中从右至左横写"淮海实业银行汇兑券"9 字,黑色楷体,两侧有红色号码,分别为壹圆:NO. S100340、伍圆:NO. F011469、拾圆:NO. T05209;纸币的右侧为当时付款的方式,竖书 3 行,如壹圆纸币为"凭票汇付/国币壹圆/淮海实业银行照付",伍圆、拾圆纸币以此类推;纸币的左侧为竖写面值。这 3 种纸币整个正面除红色号码外,颜色分别为褐色、紫色、绿色。纸币的背面有所不同,壹圆和拾圆的背面为狼山风景图(图 4、6);伍圆的背面为淮海实业银行大楼全景(图 5)。背面框内中上部印有"HWEI HAI INDUSTRIAL BANK"字样。背面颜色除红色号码外,其余为紫色和绿色。

图 1

图 2

图 3

图 4

图5

图6

　　这套纸币为近代民营金融机构发行印制,作为地方民营金融机构能够获得政府的纸币发行权,可见该银行在中国近代金融史上有着特殊的地位。该纸币图案设计极具地方特色,票面印制相当精美。这套纸币因种种原因未投入使用,现存世极少,具有较高的艺术价值和收藏价值。

二、淮海实业银行纸币的历史价值

　　透过淮海实业银行纸币,可清晰地看到中国近代地方民营金融机构创业的艰辛历程和作用于地方经济发展的特殊贡献。

　　张謇——中国近代史上一位屈指可数的实业家。1853年7月1日出生于江苏海门常乐镇一农民家庭,二十一岁起随原通州知州孙云锦到江宁任孙府书记,二十三岁入庆军统领吴长庆幕府,1894年在恩科会试中高中状元。1895年创办大生纱厂,1900年起先后开办通海垦牧公司、通州学校及各类企业、学校和慈善事业,形成大生企业集团。1913年担任北洋政府农商总长,1914年辞职,回归故里专心经营其实业。他在兴办实业的同时,重视发展金融资本。他为了控制通海地方游资和两淮盐务资金,曾筹划开办江苏银行、南通劝业银行和盐业银行,但由于多种客观原因未

能实现。1920年,南通淮海实业银行在张謇的努力下成立。银行董事会由张謇、周扶九、陈光甫、徐静仁、吴寄尘、张作三、王已劲、马敷五等人组成。董事长为张謇,总经理为张孝若,协理为陈端,行长为徐庚起。银行的大部分职员为张謇在通所办的银行专修科及甲种商校的毕业生。总行设于南通,在海门、南京、上海等地设立分行,在盐城、阜宁、东台等垦区设立分理处。当年11月,淮海实业银行在唐闸大生纱厂设立了储蓄分所,储蓄分所专司吸收职工储蓄、证券抵押放款,获得成功。7月在阜宁东坎设分号,以办理盐垦区的股田押款、商品押汇及储蓄。9月在上海开设分行,10月在扬州花园巷建分号。淮海实业银行初创时,业务发展比较正常,不到两年分支机构就有十余处之多。银行主要业务有:存款、放款、贴现、受抵有价证券及代理南通地方公债等。1921年,总行由南通改迁上海。

　　淮海银行放款可分五个方面:对大生系统各工厂往来;对垦区的商品押汇与股田押款;对通海各企业的投资、押款、信贷;对各地商业的往来;对通海教育、慈善、公共事业的抵押、拆放等。银行开办的当年,获得政府的纸币发行权,印制了壹圆、伍圆、拾圆三种面值的纸币。因当时估计到设行之初,资金难以贮足,纸币可能要推迟发行,所以钞票上未印年份。淮海实业银行当时除决定发行钞票外,还准备发行淮海实业公债100万元。

　　淮海实业银行开业后营运情况较好,1921年业务活动达到高潮,超过了自1912年以来陆续来通开业的江苏省银行、中国银行、交通银行与上海商业储蓄银行等银行的分设机构,两年的年均营业额已达500万元。1922年,因全国工商业全面萧条,淮海实业银行存款逐渐减少,提款日益增多,加之对工商企业放款难收,甚至对一些濒于破产的公司还要贷款接济。以上种种原因,使淮海实业银行的业务受到很大影响。在这种情况下,淮海实业银行及时采取措施防范金融风险,如印好的钞票库存不发,并争取到上海同行的支持,使银行得以维持。1926年,张謇去世,该行支薪职员仅留9人,不久也全部离散。抗日战争胜利后,曾讨论过复业问题,最终因集资困难没有结果。新中国成立以后,由人民政府派员清理,于1952年正式结束了该行实际上早已终止了的全部

机能。

淮海实业银行纸币是我国近代民营金融机构经营历程的一个缩影,是近代地方民营金融机构运作的历史见证。从这套纸币中可看到张謇重视金融资本的理念和做法,也可看到金融资本在近代民族工业发展中的重要地位和作用。这套纸币可以让后人了解这段历史,记住这段历史。

三、淮海实业银行纸币的社会价值

淮海实业银行的兴办和运作折射出了张謇的金融思想,这一思想是社会的宝贵财富。

张謇金融思想的基本特征:

(一)顺乎时代潮流的开放型金融理念

张謇勇于接受新事物,善于把国内外先进的金融理念引入自己所兴办的各项实业和事业中。张謇搞实业是以创办大生纱厂起家,要扩大其实业规模,仅靠大生纱厂的经营利润是远远不够的。因此,张謇从发展金融业入手,寻找拓展的办法。对于金融在实业发展中的重要作用,张謇早有明确的认识。他曾这样说:"国非富不强,富非实业完不张,实业非有多数之母本不昌……是今日为实业计,必先银行……顾中国无大兴实业之望则已,实业将大兴则银行必兴。"[①]因此早在1902年,张謇就曾倡议设立"通州储蓄兼商业银行",由各钱庄合资10万元,正行设于州城,分行设于纱厂所在地唐闸。1906年,随着大生资本集团的形成和扩张要求的愈益迫切,张謇更感到资金的短缺和设立银行的必要,乃于当年5月作《劝通州商业与储蓄银行启》,并就此进行演说。张謇认为,近代银行制度在资本主义的发展过程中起着重要的作用,它可以筹集和融通资金,使大量的社会闲散资金成为可以增值的资金,促进社会财产的资本化。张謇在创办大生纱厂和通海垦牧公司的过程中,深感金融资本的重要性,他曾慨叹:无资本何以图发达? 无资本何以图发现? 无资本何以图改良? 当时他已充分认识到银行在筹募社会资金、放贷于工商各业、发展自由资本主义经济中的巨大作用,他视银行为发展实业之根本。诚如他所言:"欲求实业之发达,民生之利赖,地方之进化,端自银行始。"[②]"东西各国有中央银行,复有普通劝业储蓄各项银行。罗列全国,制度约分两端:一为国家银行。由国家饬令设立,予以特权,凡通用

国币,发行纸币,管理官款出入,担任紧要公债,皆有应尽之义务。一为民立银行。为商民之所请立,必由政府批准,然后开设,大旨皆与商民交易。"[③]"银行为各实业之母,天下方待实业而兴。"[④]故而,他在任北洋政府农商总长期间,力主大兴银行业。他在1914年4月17日颁行的《劝业银行条例》中,规定银行为股份有限公司,目的是放款于农林、垦牧、水利、矿产、工厂等事业,并明确规定了银行的内部管理和外部的权利义务。他所制定的《劝业银行条例》对中国近代银行的建立起到了重要的引导和规范作用,为我国民族资本主义的发展拓宽了资金渠道,促进了我国近代自由资本主义的发展。

张謇高度重视金融资本的理念和他不愿受制于人的独特个性,使他最终建立了自己的金融机构——淮海实业银行。张謇曾感叹:"吾通海之有实业公司,二十余年矣。此二十余年中,吾花纱布同业所感受之痛苦之艰难,而徒唤奈何者,一言以蔽之曰:金融关系而已。以一年中五千余万之贸易额,而金融牛耳,执之他人之手,欲求操纵自如,确立于巩固地位,其可得乎?""与其人代我谋而受制于人,何如早自为谋,而亦足以杜人之觊觎。""倡为通海实业根本计划,设实业银行于南通,并于通、崇、海三境,各设堆栈三处,俾花纱布转运,金融得以灵敏;再于上海组织花布贸易总机关,凡买卖花布,均得于总机关看样论价。如此循序渐进,谋金融之活动,行之十年,而谓我通海实业,不确立于巩固地位,我不信也。"[⑤]张謇深知掌握金融资本主动权的重要性,洞悉只有创设自己的金融机构,才能不受制于别人,才能得心应手地施展自己的宏图大业。淮海实业银行是张氏家族金融机构中存续时间最长的银行,它是大生系统的金融神经中枢,统管着大生系统的其他金融机构。

"开放门户,利用外资"也是张謇金融思想的组成部分。张謇认为中国物产丰饶,事业繁多,但是中国要发展实业却"苦于人才缺乏"和"母财滞涩",既无人才,又无资本。他在《宣布就部任时之政策》中提出中国要开发丰饶的地下资源需要巨额资本,而这巨额资本当时国内无法筹措,"非用开放主义,无可措手"[⑥]。张謇认为,"利用外资"必须坚持两个原则,即"条约正当"和"权限分明"。张謇提出"利用外资"的办法可分为"合

资"、"借款"、"代办"三种。凡属利害参半之事业可用"合资"办法;至于"借款"办法,那应是"确有把握之事业",借款之单位可以厂屋机器为担保品;至于"代办"的事业,则应是"先难后易而可以永久获利之事业",如"开垦荒地"等。张謇认为在采取"合资"、"借款"、"代办"三种形式以利用外资时,外商必须"遵守中国法律",必须"呈验资本"。因为"各国商民,求在中国承办事业者,比肩而立,往往茫无故实,纯为掮客之流,即由各该国外交官出而证明,亦仍不尽可恃"⑦。此外,张謇认为利用外资兴办实业时,"固然以活动社会经济为单位,但同时亦应冀其于国家财政有直接之利益"⑧。为了达到这个目的,他认为在利用外资时,可以要求外商用"报效"、"保证金"、"预缴税银"等方法向政府缴纳一定款项,用以增加国库收入,增强国家实力。

从以上事例可看出,张謇当时的思想已与国外先进理念接轨,他对发展金融资本有迫切的要求,对"开放门户、利用外资"有深刻的认识,他希望通过发展金融资本来扩大自己实业的规模,冀希于借助国外的先进经验和资金来增强我国的实力,这种顺乎时代潮流的先进理念在当时是难能可贵的。

(二)循序渐进的务实型金融手段

张謇求真务实的良好作风是他成就事业的重要因素。张謇曾说过:"天之生人也,与草木无异。若遗留一二有用事业,与草木同生,即不与草木同腐。故踊跃从公者,做一分便是一分,做一寸便是一寸。鄙人之办事亦本此意。"⑨因此,他不图虚名、不尚空谈而注重办实事。他十分重视调查研究,从中国和南通的实际情况出发谋划实业和事业。他所建立的张氏家族金融体系,是一步步由浅入深、由简到繁、不断积累、不断深化而形成的。

张謇从事金融业务,是从1911年在大生一厂设立大生储蓄账房开始的。当时的储蓄账房收受职工存款,发行"支单、钱票",这是张氏家族金融机构的雏形。至此,张謇及其家族从事金融活动正式运作起来,并以大生一厂储蓄账房为基础逐步发展,形成了较为完整的金融体系。这套金融体系,既有一般商业银行性质的储蓄所、钱庄,也有相应的专业银行如投资银行、外汇银行,还有非银行性质的金融机构如起风险调控作用的交易

所,更有地方自治性质的"中央银行"即淮海实业银行。大生一厂储蓄账房的主要职能是:办理职工存款业务,发行"支单"、"钱票"。大同钱庄主要职能是:吸收存款、借贷资金、调剂余缺、往来汇划。通海实业有限公司的主要职能是:将资金投资到实业中,通过资金的调控和项目的运作,以获取更高的资本利润。大生系统的迅速发展壮大与通海实业有限公司的资本投资分不开。大生上海事务所的主要职能是:外汇兑换、外汇收支、外汇存贷。大生上海事务所在大生系统的金融贸易中担当着对外贸易的外汇划转和汇兑的作用。南通交易所的主要职能是:扩大交易、促进流通、平抑物价、降低风险。淮海实业银行的主要职能是:发行货币和国债、监管商业和专业银行。

巧妙运用金融资本兴办实业,构建独特的金融产业链,是张謇的独特创举。张謇在南通开创的实业和事业,使南通成为江苏省较早实现近代化的一个城市。在南通,他除创办了纺织工业、轻工业、交通运输业和机械制造工业外,还创办了带有资本主义性质的垦牧公司和盐垦公司,使沿海大量荒地成为良田。从1901到1907年,张謇先后创立了19个企业单位。这些企业大多是依靠大生纱厂的利润资金来开办,并以大生纱厂为轴心,衍生出较多相关实体,直接或间接为大生纱厂服务,由此构成独特的金融产业链。例如,通海垦牧公司是大生纱厂的原料基地,为大生纱厂生产棉花;广生油厂利用大生纱厂轧花棉籽制油;资生铁厂是专为大生纱厂修配机件而设,同时又利用广生油厂的"下脚"来制造皂烛;大兴面厂利用大生纱厂的剩余动力磨粉,供纱厂工人食用和浆纱;泽生水利公司、大中通运公司、大达轮步公司、外江三轮公司、船闸公司主要是为大生纱厂解决运输问题;染织考工所是大生纱厂向纺、织、染全能发展的研究所和实验室;懋生房地产公司则是买地造房,为大生等厂职工提供宿舍并收取房租。张謇除兴办实业外,还在南通创办了较多的社会事业机构。他通过创办各类学校,发展了普通教育、高等教育、职业教育和特种教育。通过创办博物苑、图书馆、伶工学社、更俗剧场,在启迪民智、移风易俗方面发挥了积极作用。通过兴修水利、开辟河渠、修建水闸,使南通地区千万亩良田免受水旱灾害的侵袭。张謇在南通办实业、兴教育、举

慈善,都与金融息息相关,都需要他投入大量的资金,张謇的金融思想决定并支配着其实业和事业的运作。

（三）诚实守信的信用型金融准则

张謇极为重视商业道德,以真诚取信社会,提高了实业信誉。张謇认为,诚信、勤奋和节俭是资本积累的重要手段,是事业成功的法门。他表示:"今日所愿为诸君言者,不外极平常之勤俭二字。而俭之一字,在目前尤为重要。余办大生纱厂时,不自取薪俸,事事均从节俭。盖当时资本甚微,基础未建,非此不能立足,遑论后来之发展。诸君若知此意,本余创办大生纱厂之精神,以从事银行事业,将来自能发达。言勤则办事必依定时,言俭则一切开支,务从节省,勿惮刻苦,勿自矜满,则非特本行之幸福,亦诸君将来立身之幸福矣。"⑩他认为只有精打细算、开源节流才能降低成本,提高企业的效益,从而适应外国商品咄咄逼人的竞争形势。他还认为节俭可以使人们不过多地追求物质享受,而把精力集中到有益于国家和社会的事业之中。张謇崇尚勤俭、主张节流与开源并重、着眼于企业的长远发展和反对享乐主义的人生观等无疑也是值得当代企业家们学习的。

张謇极为重视人格信用,他认为一个人如果"不示人以信用",人们就不会相信他,就不会跟随他,事业就不会成功。即使一个绝无资本的人,只要"示人以信用",也能够"吸取人之资本"。他针对当时商业活动中普遍存在的不讲信用的问题,指出"与其得贪诈虚伪的成功,不如光明磊落的失败"。为坚守诚信的美德,在他手订的《大生纱厂厂约》中明确规范了纱厂的生产流程和质量要求,以期"货必尽美"。张謇开办的企业为销售商和消费者所信任,从而使他所办的实业拥有很高的声誉。

张謇极为重视诚实守信的金融准则,时刻不忘为社会分忧。为抑制南通联合交易所少数人操纵股市和棉纱交易上的严重超买现象,及时关闭南通联合交易所。为防范金融风险,淮海实业银行印制好的钞票库存不发。1922年,全国工商业转入全面萧条,淮海实业银行当机立断取消了发行钞票与公债的既定计划,维护了当时的金融秩序和社会稳定。

张謇顺乎时代潮流的金融理念、循序渐进的务实型金融手段和诚实守信的信用型金融准则,对当今社会的经济工作乃至其他工作都具有积极的指导作用。所以说,传承张謇的金融思想,具有深远的历史意义和现实意义,而这套未能发行的纸币便成为了对他留下的这笔宝贵精神财富的纪念。

注　释:

①《张季子九录·实业录》第二卷,第9页,中华书局,1931年。

②《张謇全集》第二卷,第50页,江苏古籍出版社,1993年。

③《张謇全集》第二卷,第58页,江苏古籍出版社,1993年。

④《张謇全集》第二卷,第60页,江苏古籍出版社,1993年。

⑤⑥《张謇全集》第三卷,第800～801页,江苏古籍出版社,1993年。

⑦《张季子九录·政闻录》第七卷,第5页,中华书局,1931年。

⑧《张季子九录·政闻录》,第七卷,第9页,中华书局,1931年。

⑨《张啬庵九录录·录慈善录》第三册,第七卷,第3页,南通翰墨林印书局,1947年。

⑩《张謇全集》第三卷,第803～804页,江苏古籍出版社,1993年。

⑪张孝若《南通张季直传记》,第70页,中华书局,1930年。

初识明清外销瓷

颜飞成　周　洁

China——中国，china——瓷器，国名与瓷器为同一英文单词，可见中国陶瓷在世界的影响。在中外文化交流史上，中国陶瓷大规模对外输出是在唐代，它主要沿着"陶瓷之路"，源源不断地被运到欧洲、美洲以及中东、西亚、中非、东南亚一带。所谓"陶瓷之路"，是指水路与陆路两条陶瓷的外销路线。陆上通路是指古老的"丝绸之路"。至于水上陶瓷之路包括两条，一条是中日航线，经明州（今浙江宁波）抵达日本、朝鲜。另一条是自广州经过马来半岛，再经过印度洋，抵达波斯湾，到达地中海沿线各国①（图1）。

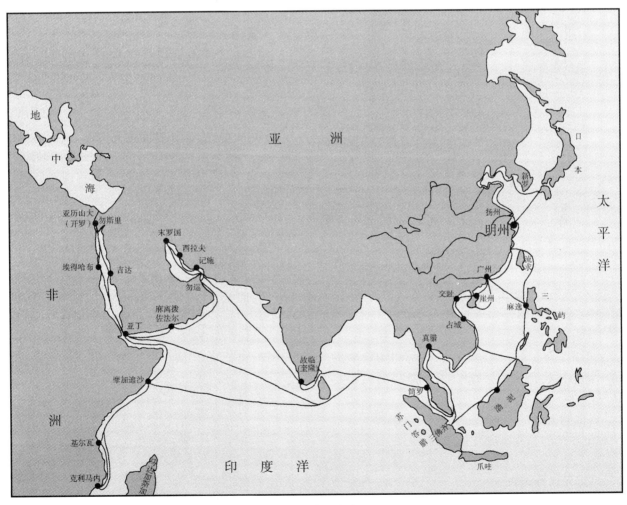

图1　陶瓷之路

中国瓷器在国外畅销,其原因除了当时海外交通发达,瓷器物美价廉外,还有一个重要原因,就是富有东方民族色彩的瓷器,作为盛食器不仅可以代替简陋的木器、陶器和昂贵的金属器,同时作为珍贵的艺术品,陈设在宫殿、花园里也可以显示高贵富有的身份。当时,世界各国的上层社会无不以收藏中国瓷器为荣[②]。下面就让我们先简略了解一下唐、宋、元各代中国外销瓷的基本情况,以便更好地了解明、清时代中国外销瓷的有关情况。

一、唐宋时期外销瓷

（一）类型

主要有越窑青瓷、邢窑白瓷、唐三彩（图2）等,湖南长沙窑还有龙泉窑青瓷。

图2　唐三彩侍女

（二）主要面向的市场

亚洲（图3）、非洲。虽然在欧洲也发现了唐宋时期的陶瓷,但当时的欧洲还不是瓷器的主要市场。

（三）特点

以浓郁的民族风格为主。

二、元代外销瓷

（一）类型

以元青花瓷为主。

图3　日本静嘉堂所藏唐三彩鸭形杯

（二）主要面向的市场

亚洲、非洲。此时欧洲仍不是主要市场

（三）特点

1.开始注重买方国家的风俗,特别是作为大宗产品的元代青花瓷,风格因地区不同而有所差异。

销往中东、西亚一带的青花器,器型一般较大,多为大盘、大瓶等,图案层次丰富。由于采用进口青料,所以莹润的釉色、浓重的青料同硕大的器型相得益彰,构成了气势博大的所谓元"至正型"青花瓷的特色（图4）。

图4　伊朗馆藏飞龙纹盘

外销东南亚地区特别是菲律宾、印尼、马来西亚等地的元青花，风格迥然有异，以小罐、小碟等小件器为主，采用国产青料，青花颜色灰暗，构图也较为简单。

2. 在形制和装饰上具有浓厚的伊斯兰特色。

元青花瓷形制以大盘居多，这与西亚地区人们的饮食习惯相关。当地人喜好以手抓食，故而喜用大盘盛放食物。

在元青花大盘上，采用同心圆环进行多层次装饰，具有相当浓厚的伊斯兰图案装饰特色。这种风格常见于 14 世纪早期伊斯兰瓷器上③。

三、明清时期是中国瓷器生产的空前繁荣时期

（一）繁荣的原因

到了明清时期，中国瓷器的生产进入了空前繁荣阶段。从国内因素来说，是由于明代中叶以后，随着社会分工不断扩大，促进了商品经济的迅速发展，商品流通也随之加快。这些都有力地促进了瓷器的生产和销售，使得国内市场基本饱和。因而，拓展海外市场和发展海外瓷器贸易成为当时迫切的需要。

伴随着朝廷政策的演变，除了朝贡贸易外，民间的走私贸易也逐渐兴起。在晚明时期的福建，"以海为生，以洋舶为家者，十而九也……奸民有假给由引，私造大船，越贩日本……其去也，以一倍而博百倍之息；其来也，又以一倍而博百倍之息"④。

国外因素，则是 15 世纪末至 16 世纪的欧洲社会也发生了巨变，逐步进入了早期资本主义的原始积累阶段，迫切需要扩大商业市场，发展东西方贸易。此时的东西方贸易垄断在阿拉伯人手中，为了打破垄断，西欧的一些国家都竭力在寻找另一条通往东方的海上航线。葡萄牙率先完成了这一使命，从海路经由大西洋和印度洋到达中国。随后西班牙和荷兰也有商人往来。中国的外销瓷贸易由此进入了一个新时期。

18 世纪，洛可可艺术风格在法国兴起并在整个欧洲盛行。此种艺术风格的特色是细致精巧，偏好淡色调，显衬出贵族宫廷雍容华贵的气势。中国瓷器轻巧别致的造型、莹白的色泽、华丽的图案皆很好地契合了这一艺术风格，从而使得瓷器在欧洲各国更加盛行。而各国也看到了中国瓷器带来的巨

大利益，开始了瓷器贸易进一步的商业化。法国于 1698 年（即康熙三十七年）在广州建立了东印度公司，进行瓷器的经营。随后，丹麦于 1728 年、瑞典于 1731 年、奥地利于 1775 年，也都先后成立了东印度公司，积极参与到瓷器贸易中去。

这两种因素加在一起，促成了明清时期外销瓷的空前繁荣。

（二）明清瓷器的输出类型

输出类型既包括官窑，也包括民窑瓷器。其原因一是官方行为，包括政府对外国的馈赠和朝廷派员进行海外贸易，其中赐赠出国的都是官窑瓷器；二是民间行为，包括外国使节的民间购买和民间的对外贸易，多民窑瓷器。另外，晚清时期列强的掠夺，使得宫廷或民间的一些陶瓷珍品流失海外，官窑民窑均有，客观上也造成了另一形式的输出⑤。

（三）繁荣的表现

我们按时间顺序来了解一下当时繁荣的状况。

1. 明朝

明代瓷器的大量出口，与郑和下西洋的贡献分不开。明代永乐、宣德年间，社会经济发展，明成祖朱棣和宣宗朱瞻基为了与沿海各国互通有无以及"宣扬国威"，派遣郑和自 1403 年（永乐三年）至 1433 年（宣德八年）先后 7 次率领庞大的商船出使西洋，最远到达非洲东海岸，足迹遍及亚、非 30 多个国家。每次出使西洋，中国多以瓷器、丝织品、金属器皿和铁币，换取当地香料、药材、珠宝等货物。与此同时，每逢这些国家的使臣来中国朝贡、访问回国时，也要带回大量的瓷器。从随郑和出航的费信所著《星槎胜览》、马欢所著《瀛涯胜览》、巩珍的《西洋番国志》看，当时的中国青瓷和青花瓷在国外很受欢迎。《瀛涯胜览》之"祖法儿国"条称："……土产乳香，其香乃树脂也。……彼人每砍树取香而卖。中国宝船到彼，开读赏赐毕，其王差头目遍谕国人，皆将乳香、血竭、芦荟、没药、安息香、苏合油、木别子之类来换易纻丝、瓷器等物。"书中还特别提到爪哇"国人最喜爱中国青花瓷器"。《西洋番国志》中也记载，中国的青花瓷、青瓷在占城、爪哇、锡兰等地受到欢迎⑥。随着郑和下西洋的帆船所至，中国瓷器广泛地流传至东南亚、非洲东部的 20 多个国家和地区（图 5）。

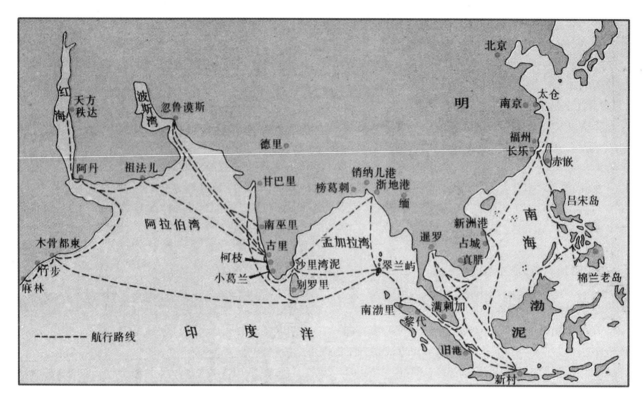

图5　郑和下西洋的路线图

中国与欧洲的外销瓷贸易始于16世纪早期，也就是明代正德、嘉靖年间，以葡萄牙、西班牙、荷兰为主力军。由于中国和欧洲直接通商，工匠们更注意各国人民的生活习俗，专门生产适应各国市场所需的瓷器。如盛行一时的纹章瓷、克拉克瓷，就是根据欧洲市场的需要订烧的。

纹章瓷，是指欧洲的一些政府部门、王公贵族、军队在中国订烧的瓷器，在这些瓷器上，都绘有代表他们标志的徽章。现存里斯本属于葡萄牙Manuel（曼努埃尔）一世（1469～1521年）的一件青花纹章瓷执壶，可视为迄今已发现的中国为欧洲特殊订货烧制的最早外销瓷。

克拉克瓷，是外销瓷中最受欢迎的一个青花品种，日本人又称为"芙蓉手"。它最常见的造型一般是大盘，有圆口和花口之别，纹饰布局分中心纹饰与边饰。中心纹饰常见有仙人楼阁、花鸟树石、麒麟瑞兽等，边饰一般分为二层八格或二层四格，内绘花果、书画、卷轴等物。这种纹饰的画法虽然是中国传统方法，但纹饰布局已非中国风格，而是专为外销设计的⑦。

明代的外销瓷器还包括福建德化白瓷，浙江龙泉青瓷等等。

德化白瓷具有玉石一样的质感，欧洲人多称之为"中国白"、"猪油白"，时至今天，法国人还以"中国白"直呼德化白瓷。

浙江龙泉窑所生产的一种大口径的巨型盘也是这一时期外销瓷器中非常具有特色的品种。明初，郑和七次下西洋，率领商船中就有大量龙泉青瓷。欧洲各国文献称龙泉青瓷为"雪拉同"，将龙泉青瓷的色泽风韵与欧洲名剧《牧羊女亚司泰来》男主角雪拉同的美丽服饰媲美。世界各地博物馆和陶瓷收藏家都将龙泉青瓷视为珍品，以拥有龙泉青瓷为荣。记录西方与中国瓷器贸易情况的《葡萄牙王国记述》一书，称龙泉青瓷"是人们所发明的最美丽的东西，看起来要比所有的金、银或水晶都更可爱"⑧。

2. 清朝

17世纪下半叶至18世纪，我国瓷器做为时髦商品远销亚、非、欧、美，受到各国人民的喜欢，并成为炫富的标志。

亚洲市场：清初至鸦片战争，中国瓷器始终占领着明代以来的亚洲市场，特别是低档民用瓷器具方面。

欧洲市场:清代瓷器在欧洲外销市场扩大,明末清初,特别是到18世纪,中国瓷器大量进入欧洲人的日常生活领域,欧洲成为中国瓷器主要输入市场。

美洲市场:美国从18世纪开始与我国进行直接的瓷器贸易,销往美国的外销瓷上,根据美国人商人的要求描绘有雄鹰、华盛顿总统肖像、纽约城等图案。美国纽约还成立了专门经营中国瓷器的公司:苏瑞记公司。据统计在1804至1809年的5年里,一共有154艘美国商船驶往中国最大的港口广州。

中国特制的外销瓷:清代文献中所说的"洋器",《景德镇陶录》中有详细记载:"洋器,专售外洋者,有滑洋器、泥洋器之分。商多粤东人,贩与鬼子市,式样奇巧,岁无定样。"⑨所谓"岁无定样",就是指每年产品的种类、造型、装饰都要根据欧洲市场的不同需要而特制,前面所说的纹章瓷就是其中之一。这里特别要介绍清代一种被称为"广彩"的瓷器,详见后文,此不赘述。

(四)明清陶瓷输出特点

一是与以前相比,输出的范围更广,规模更大,几乎覆盖了亚洲,欧洲和非洲的大部分地区,美洲、澳洲的市场也已经打开,一次性或一段时间的出口量多达十吨或百万件已非偶然;为了能有效保证货源的组织,一些国家还在华设立有专门的贸易机构。二是陶瓷的输出,其主流大多以民窑产品为主,官窑产品的输出主要是作为对外国"入贡"而回赠的礼品;这时期输出的陶瓷,有相当数量是应对方要求制作的订单产品,一些国家还出现有专门经销和承接委托定制中国陶瓷的店铺。三是一些国家已不再仅仅满足于输入中国的陶瓷制品,与陶瓷相关的人才技术引进和情报搜集也成为他们对中国陶瓷输入的方式;中国陶瓷在输出的同时,也从国外获得了一定的艺术借鉴和物资帮助⑩。

四、广彩瓷

在众多的明清外销瓷中,广彩作为300多年来我国外销陶瓷的主要商品之一,因其独特的特点而甚受欧美等国人们的喜爱和欣赏。下面就让我们一起简要认识一下中国陶瓷百花园中的一枝瑰丽的花朵——广彩瓷。

(一)概念

"广彩"有两层意思,广义的一种是"广州彩绘瓷器",即广州地区的低温釉上彩绘瓷器,它是将景德镇所产素白釉瓷,贩运到广州,以此为胎,施加彩绘后入炉烘烧而成。刘子芬《竹园陶说》亦云:"海通之初西商之来中国者先至澳门,后则径越广州,清中叶海舶云集,商务繁盛,欧土重华瓷,我国商人投其所好,乃于景德镇烧造白瓷,运至粤埠另雇工匠,仿照西洋画法加以彩绘,于珠江南岸之河南开炉烘染,制成彩瓷,然后售之西商。"⑪狭义的一种是"广州织金彩绘瓷器",是指在彩绘瓷器的过程中,借用了提花丝织物中的"织金"手法来施加彩绘,或施加彩绘后具有织金手法制成的织金锦效果的广州彩绘瓷器。广彩瓷器中,用"织金"手法施加彩绘或施加彩绘后具有织金锦效果的纹样,多用来作边饰或图案间的分隔、主题纹饰的轮廓等等,对所装饰的瓷器,起着调和统一全局色彩的作用,显得华丽典雅、高贵气派。

广彩是中国外销瓷器的主要品种之一,她远销欧美,是各国皇家贵族等上层社会人士必备的装饰品与日常用瓷,同时,也是清代地方官进贡皇家的特种工艺贡品。

(二)发展阶段

广彩的生产和发展分为三个阶段,显现出各自的特征。

1. 创烧的初期阶段:康熙中晚期至雍正早期,是广彩的初创阶段,当时无论是师傅、颜料还是素瓷都是从景德镇运来,或依照景德镇彩瓷纹样,或来样加工,并没有固定式样,此时广彩的特色并不显著,国内流传下来的实物也很少。

2. 广彩的成熟阶段:大约在乾隆、嘉庆时期,这时的广彩瓷已显现出特有的风格,并得到社会上的承认。这一时期广州所制的西洋红、鹤春色、茄色、粉绿等颜色得到大量使用,麻色是广彩特有的一种颜色,由红与黑两种颜色配成深赭石色,多用于外销瓷器上,而江西景德镇很少用麻色。在画面方面,除了参考传统绘画之外,多仿照西洋画法,或来样加工,渐渐形成了广彩的风格(图6)。

3. 广彩的繁盛阶段:到清代后期的道光至光绪时期,广彩达到了繁盛阶段。其特点是色彩艳丽、构图丰满、不留白地、繁而不乱,犹如万缕金丝

图6 清嘉庆《广彩麻色人物纹盘》,卢新焕收藏

图7 清光绪《广彩花蝶人物盘》,
广东省博物馆藏

图8 晚清《广彩贵妇郊游图盘》,
郑朝辉收藏

白玉的"织金彩瓷"。此时的广彩既继承了传统工艺特色,亦吸收了欧美的艺术精华,完全形成了自己独特的风格(图7)。

清末至民国初年,广彩瓷生产出现了新的彩绘组织,如"广东博物商会"、"羊城、芳村、化观瓷画室"等铭款,都有实物传世。

广东博物商会是一间由高剑父、高奇峰、陈树人等人在1908年创立的组织,该组织既从事辛亥革命,又绘制、销售广彩瓷器。高剑父、高奇峰、陈树人等是岭南画派的创始人和代表人物,他们最先是在宝贤大街的一间旧式大屋里开设了绘画和彩瓷的艺术室,后来又合股建立了"广东博物商会",从事彩瓷的生产和研究。他们的绘画技术非常精湛,画风独树一帜,折衷中外,融合古今。

这些文人画师的参与对广彩瓷艺术的进步起了很大作用。他们大多绘制富有艺术韵味和思想意境的国画风格作品,画面简洁清新。大量文人画常见的题材出现在广彩瓷中,比如:高山草庐、老树昏鸦、渔翁独钓、弹琴品茗等等,并不断创新而且注重联系现实生活。如广东省博物馆收藏的高奇峰、潘冷残、陈树人合画的"冷月栖篁盘",不同于传统的喜庆热闹场景,以冷月代之,表达了作者独特的心灵感受与思想感情。广东民间工艺博物馆藏"广东博物商会制"的广彩梅雀碟,也是配有一轮冷月,气氛清丽冷峻。2009年11月,广州博物馆展出的一件底款为"广州博物商会制"的广彩贵妇郊游图盘(图8)。画面中的贵妇左手挂着拐杖,右手牵着一只猴子,畅游于郊外。一只洋狗跑在贵妇前方,旁边还有两个侍女和一个童子。其中,一个侍女背着两杆红缨枪,另一个侍女手拿腰鼓和鼓槌,童子手拿铜锣和锣锤,这种风格的绘画在传统国画中是不常见的,体现了岭南画派不拘一格的艺术特色[12]。

(三)外销

广州自古就是我国对外出入贸易的重要口岸,所处位置得天独厚。1685年,清朝康熙皇帝下令解除海禁,开通广州、漳州、宁波、云台山(即今天的连云港)4个港口。1757年,乾隆皇帝下令关闭漳州、宁波、云台山港口,只留广州一口通商,世界与中国的贸易全都集中到了广州,于是更多的外国商船来到广州进行贸易。

由于外国商人对中国陶瓷的喜爱,纷纷在广州订购陶瓷。应外国商人需求,广州地区的陶瓷订购业发展起来。一方面是从江西景德镇运来景德镇陶瓷,一方面广州商人从景德镇运来素白釉瓷,以此为胎，依照洋人喜好，绘制图案，即所谓订制。由外商提供图案，瓷匠按照图样生产，用现在的话说就是"来样加工"。在广州施加彩绘后，再入炉低温烘烧而成釉上彩之五彩或三彩瓷器。当时广州十三行行商为了满足外商的需求，大量采用订制的方法，这就促进了广彩瓷器的生产和发展。据韩槐准先生《南洋遗留的中国古外销陶瓷》一书中云："当时欧洲贾舶与我国通商已频繁，唯限于清廷之规定，仅唯在广州互市，其欧洲贾舶与我国交易瓷器、丝、茶等货，皆委托广州商行代行办理，至于瓷器一货，由景德镇窑烧造者，其质料多精美，已为欧人所知，故供给欧洲贾舶之瓷器，广州商行当选自景德镇。"又说："当时广州商行亦为欧洲贾舶定造釉外彩之五彩或三彩瓷器，其素瓷多由景德镇烧成。运到广州后，广州商行乃依欧人之习惯及好尚，有时专用欧人之稿本或军团之军徽，其花纹全属欧化，有时其花纹半中半西，有时习以中国画谱，由广州之瓷画手以珐琅彩及泥金，绘画于素瓷上，炉烧而成釉外五彩或三彩，而供给与欧洲的。"[13]文献中有关广彩瓷的记载多与外销有关，如《陶录》云："洋瓷专售外洋者，有滑洋器，泥洋器之分，多粤东人，贩去与鬼子互市，式多奇巧，岁无定样。"[14]《陶雅》中说，广彩在嘉、道间的十三行有得卖。在专为外国人开设的十三行卖，当然是为了卖给外国人。《中国陶瓷史》说，广彩"以销外洋"[15]。《竹园陶说》云："乃于景德镇烧造白瓷运至粤垣。""制成彩绘，然后售之西商。"[16]

西方人喜欢色彩艳丽的瓷器，广彩瓷绘画时就大量使用金彩，烧制出来的瓷器多色彩灿烂绚丽、金碧辉煌，人们又叫它"广州织金彩瓷"。装饰内容多绘有中国式的山水、庭院、建筑以及人物故事，也有不少应欧洲市场的需要订烧的纹章瓷，如广州美术馆三楼外销瓷展收藏的广彩花鸟徽章纹椭圆形盘，北京故宫藏广彩花卉纹章盘（图9）。另外还有一些依照外国人喜好绘制了船舶、码头、人物、故事、旗帜等图案，如广州美术馆三楼外销瓷展收藏的广彩帆船图碟、广彩洋妇游庭院图盘、广彩美国独立战争人物图茶盘、广彩鹰旗图碟等。

由于广彩多应外销而生产，故国外收藏广彩瓷器应当不少。《国宝档案》摄制组曾在亚洲、欧洲、美洲各国寻觅珍藏在世界各地的中国古代瓷器，其中就发现在清代的外销瓷中，有一种瓷器，

图9 清乾隆《广彩花卉纹章盘》，
北京故宫藏

除了在广州博物馆等有少量收藏之外，在中国存量很少，但在欧美国家却很常见，这就是广彩瓷。在韩槐准先生的《南洋遗留的中国古外销陶瓷》一书中的数十幅瓷照中，属于雍、乾时期的广彩瓷器就有4件之多。香港中文大学副校长郑德坤教授于1979年10月间在中山大学所作《中国贸易瓷》的演讲中多处谈到广彩，在土耳其"伊斯丹堡博物馆"、英国的"大英博物馆"和美国的博物馆里都有广彩瓷器收藏，法国早有进口广彩的记载，当今遗存不少。据《民间藏珍》一书所记，葡萄牙人沙巴治先生就收藏广彩瓷器4件之多。据故宫博物院陶瓷鉴定专家耿宝昌先生讲，他到美国时见到白宫和华盛顿博物馆都有广彩瓷器的收藏[17]。

从以上几方面来看，"广彩"是和外销密切相关的，广彩这一品种的出现，可以说就是为了外销的需要，是中西文化交融的结果。广彩瓷从出现以来，一直深受欧美各国人士的喜爱，直到今天依然是中国重要的外销瓷品种。

五、外销瓷对世界文化的影响

中国的瓷器销往海外，不仅促进了中国与外国的贸易，而且还产生了深远的文化影响。

本文一开篇所提到的"中国"一词的英文含义，就是这方面最好的说明。不仅如此，中国的瓷器销往欧洲、亚洲和非洲各国后，也对当地的文化生活产生了一定的影响。据《中国陶瓷史》载："从17世纪下半叶开始至18世纪的清代前期，中

国瓷器在世界各地,特别是在欧洲,不仅作为日用品受到广大顾客的喜爱,而且在贵族上层间,优质的中国瓷器已经作为夸耀财富的手段。在1713～1740年间,普鲁士皇帝选皇后,曾以六百名撒克逊龙骑兵和临近的君主换取一批中国瓷器,以为他的婚礼增色。"[18]此外,大量徽章瓷的出现也可作为这方面有力的证据。另外,在东南亚和非洲一些国家,青花瓷甚至被用于装饰城门、墓壁以及墓柱。在东南亚地区,青花瓷也是人们用来随葬的主要物品,在墓葬中常常成套出土。可见国外人们对青花瓷的喜好程度[19]。这样的例子比比皆是,此处不再一一列举。总之,瓷器的外销促进了世界文化的交流与发展。

六、结 语

以上我们粗略地了解了明清时期外销瓷一些情况,又了解了广州地区的外销瓷——广彩,包括广彩瓷器的概念、生产和发展的三个阶段、广彩瓷与外销的关系以及外销瓷器对世界文化的影响。我们对于明清时期的外销瓷至此应该有了一个初步的认识,期待有识之士再作进一步的学习和研究。

注 释:

①转引自刘伟《历代外销瓷(上)》,《收藏家》2006年第5期。

②转引自刘伟《历代外销瓷(下)》,《收藏家》2006年第6期。

③转引自刘伟《历代外销瓷(下)》,《收藏家》2006年第6期。

④顾炎武《天下郡国利病书》第二十六册《福建》,四部丛刊三编,上海书店1985年重印本。

⑤转引自童光侠《明清时期的陶瓷输出与世界文化交流》,《景德镇高专学报》2004年第1期。

⑥转引自李辉柄《中国陶瓷鉴赏图典(元－民国)》第二章第四节,第106页,上海辞书出版社,2007年。

⑦转引自刘伟《历代外销瓷(下)》,《收藏家》2006年第6期。

⑧《龙泉县志》,第312～313页,汉语大词典出版社,1994年。

⑨转引自李辉柄《中国陶瓷鉴赏图典(元－民国)》第三章第六节,第212页,上海辞书出版社,2007年。

⑩转引自童光侠《明清时期的陶瓷输出与世界文化交流》,《景德镇高专学报》2004年第1期。

⑪刘子芬《竹园陶说》,第6页。

⑫郑朝辉《清末民初新派广彩瓷的艺术变化》,《瓷缘——广州中国古陶瓷研究会成立十周年特刊》,广州中国古陶瓷研究会编。

⑬韩槐准《南洋遗留的中国古外销陶瓷》,第37页。

⑭兰浦著《景德镇陶录》卷二,第6页。

⑮吴仁敬、辛安朝《中国陶瓷史》第108页,1936年版。

⑯刘子芬《竹园陶说》,第46页。

⑰宋良璧《广彩瓷器的研究》,《文物鉴定与研究》,文物出版社,2002年。

⑱冯先铭等《中国陶瓷史》"清代中国瓷器输出"一节。

⑲转引自刘伟《历代外销瓷(下)》,《收藏家》2006年第6期。

一份见证中苏友谊的史料

胡小甜

由南通博物苑和南通市文博协会共同举办的《庆祝新中国 60 华诞红色收藏展》展出后，许多人对红色收藏有了更深的了解和认识，纷纷加入了收藏的队伍，也有一部分人将自己珍藏的文物捐赠给了博物苑。在此，我向大家介绍一份《南通市中苏友协俄语学校的结业证书》。

此结业证书纵 38.2、横 44.2 厘米。证书上方中央为毛主席头像，左上方张贴结业学生的照片。下方有校长孙卜菁的亲笔签名，并盖有南通市中苏友好协会俄语学校方印。全部内容为：

结业证书

结字第贰号

学员缪福盈现年二十九岁，係江苏省如东县/市人。在本校自公元一九五叁年九月至公元一九五六年二月学习期满，考查成绩及格，准予结业。此证。

南通市中苏友协俄语学校

校长孙卜菁

公元一九五六年二月五日

据史料介绍，中苏友好协会是新中国第一个友协组织。第二次世界大战结束后，世界格局发生急剧变化，形成以美国为首的资本主义阵营和以苏联为首的社会主义阵营相对抗的局面。新中国诞生前夕，毛泽东主席于 1949 年 6 月 30 日发表《论人民民主专政》，提出："我们要在全国范围内，掀起学习苏联的高潮，来建设我们的国家。" 1949 年 7 月 16 日，在党的领导下，各民主党派和人民团体的爱国民主人士聚会中南海怀仁堂，举行中苏友协发起人大会，会议选出宋庆龄、刘少奇、周恩来、郭沫若、吴玉章、李济深、沈钧儒、黄炎培等 81 人组成的主席团，正式启动成立中苏友协的筹备工作。1949 年 10 月 5 日，中苏友好协会成立大会在北京召开。除毛泽东主席以外，朱德、刘少奇等中共的主要领导以及新选出的国家副主席宋庆龄等人都参加了成立大会。宋庆龄致开幕词，刘少奇做了题为《中苏两国人民永远不朽的友谊与合作万岁》的长篇报告。会议选举刘少奇为会长，宋庆龄、吴玉章、沈钧儒、李济深、郭沫若、张澜、黄炎培 7 人被推举为副会长。同时选出理事 197 人，其中既有中国共产党的高级干部，也吸纳了民主党派的领袖与骨干。根据大会通过的《中苏友好协会章程》，中苏友好协会的宗旨是："发展和巩固中苏两国的友好关系，增进中苏两国文化、经济及各方面的联系和合作，介绍苏联政治、经济、文化建设的经验和科学成就，加强中苏两国在争取世界持久和平的共同斗争中的紧密团结。"从组织机构上说，中苏友好协会共分五级：全国设总会，会址在北京，负责领导全国会务；总分会，设在包括几个省市的大地区（如东北、华北、中南）；分会，设在省和直属市；支会，设在县、市及直属市所属的企业、工厂、机关和学校；支分会，设在村庄及县市所属的企业、工厂、机关和学校。按照章程规定，总会一般每三年举行一次全国代表大会，代表由各民主党派、各人民团体、军队及各地分会推选。另外，中苏友好协会总会设会长一人，副会长若干人。下设秘书处、组织部、联络部、研究出版部、服务部、图书资料室。秘书处负责总务、财务、文书、人事等工作；组织部负责发展会员、指导各地分会等工作；联络部负责与苏联对外文化协会进行各种联系、招待来宾、组织参观及其他联络工作；研究出版部负责研究、编辑、翻译及出版等工作；服务部负责组织展览会和晚会、放映电影、管理俱乐部和阅览室、办俄文夜校、代订苏联书报杂志;图书资料室则负责管理俄文图书和资料。这些部门就是负责领导全国各地基层分会展开活动的机构,可以说,中苏友好协会总会就是在全国开展"对苏友好、学习苏联"活动的一个总指挥部。

总会成立后不久,各大行政区、各大城市如北京、天津、上海、南京、武汉、河北、察哈尔等地均建立了分会,同时还建立了东北总分会、华北总分会、中南总分会等。随着这些地区与城市中苏友好协会组织的建立,全国大部分地区也都建立了它的基层组织。到1951年1月底,中苏友好协会会员已超过200万,到年底激增到1700余万人;1952年10月达到3890万,会员人数超过青年团、工会、妇联,成为全国最大的群众团体。到1953年,会员人数更是猛增至6800万人。从1953年7月以后,由于中苏友好协会改"个人入会"为"集体入会",原则上将协会会员范围扩大为全体人民,中苏友好协会扩大为一个全民性的组织。

依靠各地的友协机构和庞大的会员构成,中苏友好协会像一架开足了马力的宣传机器,围绕着协会的"宣传苏联、学习苏联"的宗旨,展开了各项活动。

第一,出版专门的报刊介绍苏联、宣传中苏友好。在成立初期,中苏友好协会总会就出版了《中苏友好》杂志(1952年10月5日改为《中苏友好报》)。各分会也积极出版了自己的刊物,例如:东北分会的《苏联介绍》、旅大分会的《友谊》、武汉分会的《益友》、上海分会的《苏联知识》。在中苏友好协会成立两年内的时间里,出版报纸、期刊达74种。据不完全统计,到1959年中苏友协总会和各地分会共提供宣传材料1820余种,4656.6万余册。

第二,举办苏联图片展览。1959年,即中苏友好协会成立10周年之际,在中国许多大、中型城市的街头、公园都有由各级中苏友好协会举办的介绍苏联和宣传中苏友好的图片橱窗展览或画廊。另外,北京、上海、天津、沈阳、哈尔滨、广州、武汉、重庆、包头等20多个大、中型城市还建立了中苏友好馆或中苏友好文化馆,设立专门的展览厅。

第三,播放苏联电影。从1949到1959年,中国放映的苏联电影多达750部左右,观众每年平均有两亿多人。

第四,举办有关苏联的演讲会、座谈会、报告会、学习会。到1959年,中苏友好协会举办的讲演会和报告会共20.4万多次,听众达1.64亿人次以上。其中最突出的是各级中苏友好协会访苏代表团回国以后举行的报告会。团员们以亲眼目睹的事实,生动地介绍了苏联的建设成就,当时在民众中的宣传效果十分明显。

第五,举办俄语培训班。中苏友好协会的各级组织会同政府教育部门大力地开展俄文教育,采用俄语夜校、专业性俄语学习班、进修班、电台广播、函授等方式进行俄语教学工作。总会和一部分大城市的分会还编写了适用于业余俄语教学的教材。

第六,利用重要的纪念日举办各种友好活动。每年的十月革命节、中苏友好同盟互助条约签订纪念日,各地中苏友好协会都要举行系统的庆祝活动,全面向群众宣传中苏友谊的重大意义,宣传苏联对中国的无私援助、学习苏联对促进中国社会主义建设的重大作用。其中,最值得一提的就是1952年为纪念十月革命35周年,中苏友好协会在全国开展了"中苏友好月"活动。

第七,组织两国人员互访,定期交换各种文化资料,增进两国人民了解。

但是,随着中苏关系的恶化,从1960年开始中苏友好协会出现了活动减少、机构撤并、成员萎缩等一系列现象。"文化大革命"开始以后,中苏友好协会更是有名无实,仅以特殊的方式在一定程度上维系着中苏关系。经过20年的沉寂,进入20世纪80年代以后,随着中苏关系的逐渐缓和,中苏友好协会的工作开始恢复,并在两国关系正常化过程中起到了积极的推动作用。但由于苏联解体,作为中苏关系的特定产物,中苏友好协会最终于1992年退出了历史的舞台,被中俄友好协会取代。

中国人民对苏友好协会南通分会,又名南通区、市中苏友好协会,属于总会的基层组织。它于1949年11月7日建立筹备会,1950年11月正式改称分会,时任南通市市长的孙卜菁担任会长。1952年底,南通市中苏友协会员共8.7万人,下辖200多个分会组织。各县会员总数近50万人,形成一个完整的友协组织网。中苏友协南通分会设有宣传部、组织部、图书阅览室、电影放映队及俄语学校等机构，每年的 2 月 14 日与 11 月 7 日举行庆祝和宣传活动，纪念《中苏友好同盟互助条约》签订和苏联十月革命节。1952 年和 1957 年举行过两次中苏友好月活动。1953 年在文化宫举办共产主义图片展览，观众 10 万余人，组织江苏代表举行的访苏报告会 20 余场。电影放映队在市郊、南通和海门等县巡回放映数百场，先后放映数十部苏联优秀影片。俄语学校有中方教师 5 名，苏籍教师 4 名，自 1951 年 9 月至 1957 年 7 月，先后开设 14 个班级，招收学员 1100 人。1952 年 4 月，南通代表随中国农业代表团赴苏访问。1956～1958 年，南通市有 18 名学生赴苏联留学。1958 年 7 月，中苏友协南通分会撤销。

捐赠此结业证书的是本市的宋建业先生。据宋先生介绍，这张结业证书上的学员缪福盈是其岳父。中苏关系亲密时，全国掀起了学习俄语的热潮，许多人都去参加俄语学习，南通博物苑内的张謇故居濠南别业曾经也是中苏友协俄语学校的办学地点。缪先生那时已参加工作，是业余时间参加学习的，学校设在唐闸。他在学成后先后担任过唐闸二中、南通中学的俄语老师，前后共 12 年。后因中苏关系破裂学校停教俄语而转入其他行业。

这张结业证书是建国初期中苏友好的历史见证，它记载着一段极不寻常的中苏关系历史，见证着 60 年来两国关系的风云变幻，默默地向人们述说着那段深沉而厚重的历史。通过对它的研究，可以清楚地了解我国和前苏联两国人民之间曾经的友好往来、伟大情谊！

中国冥府考略(四)

——太山章(下)

栾保群

一、五岳与冥府

佛经中的太山既为大山,那么在中国要把太山狱转化为中国的冥府时,也不是没有可能把中国的"大山"全当成转化的目标。比如出土的汉灵帝熹平二年瓦盆丹书说:"黄神生五岳,主生人录,召魂召魄,主死人籍。"① 那么不仅泰山,整个五岳都曾经被入选为中国的冥府。这一说法流行于汉代民间,其根基自比那些志怪小说厚重,所以到了六朝乃至唐宋还有其遗迹。比如《太平广记》卷三二三"王胡"条:

> 宋(南朝刘宋)王胡者,长安人也。叔死数载,元嘉二十三年,忽形见还家。……语胡家人云:"吾今将胡游观,观毕当还,不足忧也。"胡即顿卧床上,泯然如尽。叔于是将胡遍观群山,备观鬼怪。末至嵩高山,诸鬼道胡,并有馔设,其品味不异世中,……

此条提到冥间的"群山",正是地狱诸山,而其中有一"嵩高山",又与中岳同名,是冥间地狱不仅有泰山,还有五岳中的其他诸山了。

唐代戴孚《广异记》"刘可大"一条言天宝间,刘可大入京举进士,途遇一少年,乃华山神公子。至华阴,邀刘至庄:

> 随至庄所,室宇宏壮。下客于厅,入室良久。可大窃于中门窥觑,见一贵人在内厅理事,庭中囚徒甚众,多受拷掠,其声酸楚。可大疑非人境,惶惧欲去。初,少年将入,谓可大:"慎无私视,恐有相累。"及出,曰:"适以

咨白,何尔负约然以此不能复讳。家君是华山神,相与故人,终令有益,可无惧也。"须臾下食,顾从者:"别取人间食与刘秀才。"食至,相对各饱,兼致酒叙欢,无所不至。可大求检己簿,当何进达,今年身事复何如。回视黄衫吏为检。有顷,吏云:"刘君明年当进士及第,历官七政。"可大苦求当年,吏云:"当年只得一政县尉。"相为惜此,可大固求之。少年再为改,吏去,屡回央央,惜其减禄。可大恐鬼神不信,固再求之。后竟以此失职。明年辞去,至京及第。数年,拜荥阳县尉而终。

是西岳也虑冥囚,也有冥簿,所食也是冥间食物,一句话,西岳华山也是冥府之一。又唐代范摅《云溪友议》卷中"讯岳灵"条,亦记华岳掌冥簿,可查询人间科第之事。

南宋洪迈《夷坚三辛》卷一"朱安恬狱"条,言及北岳有"直推使者":

> 先是,鄱阳主簿江宁何公极梦游城外东岳庙,见栋宇宏壮如宫阙。视平时不类,心固异之。泊到廊庑间,遇亡父朝奉大夫伟,泣而进拜。问曰:"大夫今在何地?何自来此?"父云:"身隶北岳下,奉差来作直推使者。"又问:"北岳安在?"曰:"在定州。"

宋时诸州司掌刑狱的有法司、当直司、推司等。此处直推使者之"直推"即指"当直推勘"。所以这直推使者就应该是北岳手下掌管巡视所属各处刑狱推勘的官员。又《宋史·杨廷璋传》:

> 廷璋父名洪裕，小时尝渔于貂裘陂，忽有驰骑至者，以二石雁授洪裕，一翼掩左，一翼掩右，曰："吾北岳使者也。"言旋不见。是年生淑妃，明年生廷璋，家遂昌盛。

据此，则北岳亦掌人间生死福禄也。

不仅如此，唐玄宗时道士司马承祯建言在五岳立真君庙，也就是要把五岳神置于道教之下。于是五岳真君就随着五岳神也有了司冥功能。五代南唐徐铉《稽神录》卷六有"灊山司命真君"一条，灊山就是一度做过南岳的潜山，这位司命真君与太山司命也很类似：

> 天祐初，舒州（今安徽潜山）有仓官李玫，自言少时有病，遂见鬼，为人言祸福，多中。淮南大将张颢，专废立之权，威振中外。玫时宿于灊山司命真君庙。望日，与道士崔繟然数人，将入城。去庙数里，忽止同行于道侧，自映大树以窥之。良久乃行，繟然曰："复见鬼耶？"曰："向见一人，桎梏甚严，吏卒数十人卫之，向庙而去，是必为真君考召也。虽意气尚在，已不自免矣。"或问为谁，久之乃肯言曰："张颢也。"闻者皆惧，共秘之，不旬日而闻颢诛。

此外，唐代李玫《纂异记》又有"太山召人魂，将死之籍付诸岳，俾其捕送"之说，则可以理解为五岳皆为冥府，而东岳则为其首（但也可以看出，中华那么大的地方，只靠泰山来追捕亡魂，已经是很不现实的了，这无疑为后来的冥府地方化造出了先声）。另《云笈七签》卷五四"说魂魄"亦云："正一真人（即张天师）告赵升曰：'夫人身有三魂，谓之三命。一主命，一主财禄，一主灾衰；一常居本属宫宿，一居地府五岳中，一居水府。'"这更明确地说明地府包括了全部五岳，而非仅泰山了。

这从另一个角度证明了泰山治鬼并不是泰山本身的自然神功能。

二、太山与天帝

这里说的是治鬼的太山与天帝的关系。正如前面所论，治鬼本来是天帝的事，此时则出现了一个太山府君，权力的交接自然会在他们之间产生一些微妙的关系。

前引《孝经援神契》说"泰山，天帝孙也"，而《列异传》"临淄蔡支"一条又说天帝是泰山神的外甥。曹魏时期为什么要在这个关系上与纬书唱反调呢？纬书与谣谶都包含着带有政治色彩的预言内容，也就是说，它们都有以预言形式对政治的干预意图。汉魏之际，符谶迭出，直到司马氏代魏，这种现象一直延续着。曹丕以及他政治集团中的人物不会对此冷漠视之，其中甚至就有造谶的能手。如果作《列异传》时，曹丕尚未取代汉帝，那么"临淄蔡支"一条所反映的天帝与泰山之间的关系就颇有汉帝与魏王之间关系的影子了。须知当时汉献帝的皇后正是曹操的女儿，献帝如果生子，那太子正是魏王曹丕的外甥！

如果认为这解释有些穿凿，天上故事未必与人间政治有那么紧密的配合。那么请看以下这个故事。唐代段成式《酉阳杂俎·前集》卷十四：

> 天翁姓张名坚，字刺渴，渔阳人。少不羁，无所拘忌。尝张罗，得一白雀，爱而养之。梦天刘翁责怒，每欲杀之，白雀辄以报坚，坚设诸方待之，终莫能害。天翁遂下观之，坚盛设宾主，乃窃骑天翁车，乘白龙，振策登天。天翁乘余龙追之，不及。坚既到玄宫，易百官，杜塞北门，封白雀为上卿侯，改白雀之胤不产于下土。刘翁失治，徘徊五岳作灾。坚患之，以刘翁为泰山太守，主生死之籍。

刘天翁失去天帝之位后，做了"泰山太守"即太山府君。按张政烺师说，此故事当起源于汉末，其中之张天翁影射太平道之张角，而刘天翁则影射刘汉政权。详见《张政烺文史论集》中《玉皇姓张考》一文。

汉末的故事到唐末才有记载，这未免相隔得太远。但下面一条材料可以证明天帝姓张的说法要比唐代早得多。《殷芸小说》：

> 周兴死，天帝召兴升殿。兴私问左右曰："是古张天帝？"答曰："古天帝已仙去，此是曹明帝耳。"

作者殷芸，据《郡斋读书志》说是南朝刘宋时人，一些书目则以为是梁时人，总之张天帝之说不会晚于南朝了。而曹明帝正是曹魏的明帝曹叡，他做了天帝，人间的帝王应该已经不姓曹了，所以这故事可能造于晋朝。刘天帝－张天帝－曹天帝，事情怎么会这样凑巧，天上的嬗代正好与人间的政局变动"刘汉－张角－曹魏"一致？或者问，张角并没有得过天下，所以算不得数。但正是这一点，才能让人推测，这张天帝代刘天帝之说是张角一伙所造的神话。当然，这天帝是失去人间权势的帝王，与《酉阳杂俎》的影射方式正好相反，但读者仍能从中体味到编造者的安排。

又王隐《晋书》"苏韶传"，苏韶死，其伯父子入冥，苏韶语云："刘孔才为太山公，欲反，擅取人以为徒众。北帝知孔才如此，今已诛灭矣。"

王隐晋人，是最晚在晋时还有泰山公姓刘的传说。这刘孔才即汉魏之际的刘劭，魏文帝时为散骑侍郎，明帝时为陈留太守。但《全唐文》卷一百七十二有"户部侍郎韦珍奏称诸州造籍脱落丁口租调破除倍多常岁请取由付法依问诸使皆言春疾疫死实多非故为疏漏"一条，有"魏文帝修书永叹，念亲故之凋亡；刘孔才矫制征兵，促黎元之残丧"之语，"矫制征兵"事不见于史，唯此处略露端倪，可知王隐《晋书》所云亦必有据。是王隐所说之"北帝"、"太山公"虽是神鬼，也是对现实的影射。所以《酉阳杂俎》的张天翁、刘太山的传说必然来源甚久，而从故事的形式套数来看，民间传说的性质是很明显的。

由此可见，在汉魏以至晋代，在谶纬之风的鼓动下，天帝本身也成了现实政治争斗的一个题目。张天翁的故事是以争夺天帝的位置来为五斗米道代汉造舆论，而"临淄蔡支"故事的影射手法虽然不同，其表现曹、刘关系的动机是显而易见的。于是天帝从泰山神的祖父变成外甥这一貌似无稽的变动，就有了合理的解释；虽然编造这故事的具体动机是什么，是代汉还是扶汉（汉末的方士中不乏支持汉室者），我们不能身临其境，已经难于猜测了。

让我们回过头再看一下《酉阳杂俎》中的那段故事。我认为这故事含有一个天界变革的重大消息，那就是张天帝把冥事交给了被他赶下台的刘天帝来管理，从此天界与冥界分离，而相对独立于天庭之外的冥府正式出现。这个冥府就是泰山府君或称泰山太守。

三、太山府君的沉浮与演化

前面已经说过，府君一称始于东汉，是太守一级官职的尊称。管理普天下生民的是皇帝，而管理这些生民魂灵的却只是一个郡级长官，其间的差距也太大了。即使太山为鬼狱，那么它的长官最少也该是个九卿中的廷尉吧。虽然在品秩上廷尉的中二千石比太守的二千石只高一级，但全国的罪魂都交给一个相当于后世的府城隍级的冥官总说不过去吧。但在冥府初建时，既要将就佛教"太山地狱"的现成材料，又要顾及泰山郡的行政级别，所以即使含糊一些，也只能叫做"太山府君"了。至于泰山令，则是县一级的官员，东汉三国时泰山郡治在奉高，并未设泰山县，所以这泰山令其实与太山府君只是人间级别不同，在冥事上的权掌却是一样的。

所以治天下鬼的神职必须提升，张天翁安排下台的刘天翁来做太山太守，资历是高了，但现职却仍是太守。笼统地用个"泰山神"吧，长期占用着自然神的名目也存在着麻烦，中国的传统信仰与佛教徒都会干预。《礼记·王制》："天子祭天下名山大川，五岳视三公，四渎视诸侯。"泰山为五岳之长，始终列于朝廷祭典，如果把泰山神变成单纯的鬼王，就直接与国家的礼制发生冲突；另外，渐渐得势的佛教徒也不甘于长期让泰山府君占着阎罗的位子，到了一定时候就要从佛教的立场对此提出抗议。所以"太山府君"这个称呼真是"名不正，言不顺"。

于是因为职与权、名与实的不相称，太山府君在后世就不得不出现了变化。由于引起变化的动力是来自多方面势力的，所以有时就表现为你拉我扯，太山府君被割裂到几个冥府系统中。或者为佛教阎罗系统收纳，成了阎罗王手下的属员；或者在民间挽回些面子，提升为十殿阎君中的泰山王（第七殿，或径称泰山府君）；或者在道教中上升为东岳大帝，让主管冥府成为东岳大帝的一个兼领，索性把阎罗王又压在屁股底下。这些演变出来的不同等级的冥神，在一些鬼故事中能相容并存，在另一些故事中则是各自为王，在不同的冥界系统中都留下了位置。

而原始的太山府君本身也并没有消失，起码到清代还不时露面，但与在汉魏时期相比，那时已经是一个不大起眼的角色了②。太山府君的性质基本上就是"人鬼",但在形成早期从泰山神那里继承下来的自然神性质,在后世也没有完全灭迹。最突出的就是太山府君的有子有女。做为人鬼,太山府君多由人间的亡魂来担任,这些亡魂可以是王公大臣,也可以是士民百姓,但按照通例,他们是不可能在阴间有子有女的。可是《魏书·段承根传》中却有太山府君之子到人间求学于段晖的故事,唐代唐临的《报应记》"沈嘉会"条也记太山府君有二子,唐代戴孚《广异记》"周混妻"条则记有太山府君嫁女之事。作为自然神,东岳有子有女是很自然的,历代所记载的"泰山三郎"之类即其例,但太山府君已经基本定型为人鬼,再有子有女,就未免在性质上与东岳大帝相混了。顾炎武在《日知录》卷二十五"湘君"条中说:"自汉以来,不明乎天神、地祇、人鬼之别,一以人道事之。于是封岳神为王,则立寝殿,为王夫人,有夫人则有女,而女有婿,又有外孙矣。"这话说得有一定道理,但对太山府君而有子女来说,则大多是因为与泰山神搅混不清之故。

所以我们在后面谈到历代的太山府君时,不但要考虑到他自身位置的变化,也要考虑到各种变化的参差相错以及其中产生的混乱。

可是巫道之士们已经把泰山的买卖做大了,所以不可能理睬和尚的愤慨,仍然我行我素。和尚们在释典中给"太山地狱"做广告,道士巫师们却在东岳办实体公司,而且继续建构着冥府的体系,以至于佛教硬把太山府君纳为阎罗的系统之后,道士们索性抬出了最伟大的泰山神——"东岳大帝",再把阎罗系统一股脑地纳入东岳大帝的属下。你吃了我,我再吃了你。于是东岳大帝下面有阎罗天子,阎罗天子中又有个"太山府君"(太山王)。东岳大帝是皇权安排在冥界的代表,谁也不能不认账的。于是中国的信仰界出现了一个奇观:在全国都是佛寺以极大的优势压倒道观,但唯独在冥界系统上,从中央到地方,东岳庙和城隍庙把十殿阎罗都挂在自己的腰带上。上述这一过程的完成从唐宋至明清,虽然经历的时间很长,而且多有曲折,但轨迹是清晰可见的。

四、佛教与太山府君

在中国本土宗教硬把佛教的太山地狱夺来,

建构了自己的冥府的时候,对于佛教徒是件很不爽的事。而需要注意的是,僧侣对方士的这一剽窃此时几乎是束手无策的。自东汉佛教传入以来,汉统治者就以法律形式限制佛教的发展,严格禁止汉人为僧,当时的僧侣基本上都是胡人。《高僧传》卷九《佛图澄传》中引后赵中书著作郎王度的奏章云:

> 往汉明感梦,初传其道,惟听西域人得立寺都邑,以奉其神,其汉人皆不得出家。魏承汉制,亦循前规。

这一状况无疑让佛教在民众中的传播受到了限制。在汉魏之际,一般民众根本无从了解太山府君的由来,他们更相信的还是方士和巫师。所以在佛教宣讲地狱因果时,竟不得不顺应民间的俗信,沿用"泰山府君"来做为佛教的冥府主者。如《法苑珠林》卷九一(又见《太平广记》卷三二○"孙稚"条引)所言孙稚故事:晋孙稚,幼奉佛法,十八岁而亡。两年后,沙门于法阶行尊像,经其家门,大小出观,见稚亦在人众之中,随侍像行。然后孙稚的鬼魂对父母讲述死后之事,说其外祖父为太山府君,所以为冥府所优待云云。

可是自东晋以后,佛教的势力出现了根本性的变化。张弓《汉唐佛寺文化史》"僧伽编"即指出:

> 直到两晋之际,汉人僧侣还不多,道宣《释迦方志》称,西晋两京"僧尼三千七百人"。这是最早的僧数统计。桓玄晋末当国,对中书令王谧说:"曩者,晋人略无奉佛,沙门徒众皆是诸胡。"西晋两京僧大约以胡僧为主体。自东晋元帝"度丹阳千僧"之后,汉人出家者剧增。在南方,晋末佛寺达到1768所,僧尼多至24000人,都是一次跃升;宋寺1913所,僧尼36000人,梁寺2846所,僧尼82700人,代有所增。

这一形势的变化,使得僧侣渐渐有了讨回"公道"的底气。在对待太山府君的态度上,也可以看出佛教徒在争夺冥界领导权上的努力。

他们最初的一招,是用佛教的阎罗顶着"太山府君"的名号,也就是说,挂着太山府君的头,卖阎王爷的肉。刘宋时的刘义庆《幽明录》：

> 巴北县有巫师舒礼，晋永昌元年病死复活。云死时土地神将送诣太山，入过礼舍门前，土地神问吏："此是何等舍？"门吏曰："道人舍。"从人指巫师为道人也。土地神曰："是人亦是道人。"便以相付。礼入门，见数千屋皆县竹帘，自然床榻，男女异处。有诵经者、唱偈者，自然饮食，快乐不可言。礼文书名已至太山门，而身又不到惟人。土地神云，道见数千间瓦屋，即问吏言道人，即以付之，于是遣神即录取。礼观未遍，见有一人八手四眼，捉金杵，遂欲撞之，便怖走，还出门，神已在门迎捉。太山府君问礼云："卿在世间皆何所为？"礼曰："事三万六千神，为人解除，祠祀或杀牛犊猪羊鸡鸭。"府君曰："汝罪应上热熬。"便牵著熬所，见一物牛头人身，捉铁叉，叉礼著熬上，宛转身体，身体焦烂，求死不死，一宿二日。府君问主者："礼寿命应尽，为顿夺其命？"校录籍，馀算八年，乃命将录求牛头复以铁叉叉著熬边。府君曰："令遣卿归，终其馀算，勿复杀生淫祠。"礼乃还活，不复为巫师。（《太平御览》卷七百三十五引）

又是牛头鬼卒，又是烧烤酷刑，这全是佛教地狱的配置，也就是说，这个太山府君其实就是阎罗王。故事是站在佛教立场上反对民间巫师的，但太山府君的名号却留着，由此可见，佛教的阎王在这时不得不冒着太山府君的名号，因为太山府君的影响太大了。

这一故事反映着佛教徒最早对太山府君的态度，但随着佛教势力的继续增长，他们的态度也开始变化了。那就是他们的第二招，《弘明集》卷十四中释宝林托名竺道爽而作的《檄太山文》，就公然对作为冥界主者的太山府君进行讨伐。文字较长，节录如下。

檄文开头就是"沙门竺道爽，敢告太山东岳神府及都录使者。"然后一番奉承，指明太山本是道教的仙都：

> 夫东岳者，龙春之初，清阳之气，育动萌生，王父之位。南箕北斗，中星九天，东王西

母，无极先君，乘气凤翔，去此幽玄，澄于太素，不在人间，荡消众秽，其道自然。……

可是这仙都却成了巫道弄神弄鬼的地方：

> 而何妖祥之鬼，魍魉之精，假东岳之道，托山居之灵，因游魂之狂诈，惑俗人之愚情。雕匠神典，伪立神形，本无所记，末无所经。外有害生之毒气，内则百鬼之流行。昼则谷饭成其势，夜则众邪处其庭。此皆狼蛇之群鬼，枭蟒之虚声。自三皇创基传载于今，历代所崇未睹斯响也。……

最后一段是先为佛教的太山"正名"归位，太山是佛教阎罗王所辖管，与中国本土的巫道无关，让太山府君之类的神道把侵占的名分退出来：

> 又太山者，则阎罗王之统。其土幽昧，与世异灵。都录使者，降同神行。定本命于皇记，察都籍于天曹。群恶无细不舍，纤善小而无遗。总集魂灵，非生人应府矣。
>
> 而何弊鬼，诈称斯旨，横恣人间，欺殆万端。蓬林之树，乌鹊之野，翕动远近，列于祠典。聚会男女，树俗之心，秽气外衅，枭声远布，毒钟王境，为害滋甚。……速在吾前复汝本形，长归万里沧浪海边，勿复稽留，明顺奉行。

释宝林是南朝时人，此时的阎罗王系统已经开始在民间推行。虽然这"檄文"态度有些强硬，但要求似不是很霸道，只是希望东岳还做你的仙山，把"太山"的名字还给我们。他说"太山"是"阎罗王之统"这也没有错，太山是地狱，人世的狱官也是府县诸太爷的下属的。

佛弟子对太山府君的攻击，释宝林并不是仅见的一例，而且在佛教徒的眼里，泰山府君就是邪鬼。北宋和尚赞宁写的《高僧传》卷二十四有一篇《隋行坚传》，竟把主掌幽冥的泰山神与民间故事中的妖鬼混合到一起了：

> 释行坚者，未知何许人也。常修禅观，节操惟严。偶事东游，路出泰山。日之夕矣，入

岳庙谋之度宵。令曰："此无别舍,唯神廊庑下可以,然而来寄宿者必罹暴死之殃,吾师筹之。"坚曰："无苦。"不得已从之,为藉荐于庑下。坚端坐诵经。可一更,闻屋中环佩之声。须臾神出,衣冠甚伟,部从焜煌,向坚合掌。坚曰："闻宿此者多死,岂檀越害之耶?"神曰:"遇死者特至,闻弟子声而自死焉,非杀之也。愿师无虑。"

一个和尚到了泰山,哪里不能住宿,却偏要住到岳庙中?而且住在廊庑之下的人就要暴死,这不成了宅妖了么?虽然这篇故事中为泰山神洗清了害人的名声,证明这泰山神原来是冥府的主者,但泰山神的形象仍然还是个妖神。这一故事中的泰山神明显带有佛教徒眼中的异端性质。

佛教对付太山府君的第三招,就是"包容",但这包容可不是简单的宽容,和太山府君搞和平共处,而是把太山府君吞掉,让他成为阎罗王的部属。竺道爽《檄太山文》中说,"太山者,则阎罗王之统",这个"太山"所指的虽然不是太山府君,而是佛教的太山地狱,但却埋伏下把太山府君包容的契机。

和尚的手法也很高明,其一就是让太山府君主动皈依佛门。《弘赞法华传》卷六记法相和尚一事云:

> 释法相。东晋义熙中,忽悟非常,超然出俗,隐居山谷,游止无定。……因行经太山祠,日暮,因宿庙侧民家,夜起诵经。忽闻扣门声,相时出看,见有一人玄衣武冠,见相致敬云:"是太山府君。闻师诵经,故来参听。弟子庙中,一石函在,多有财物,以布施师,师可开取。"其石盖重过千钧,人莫胜举,相试提之,飘然而开。于是取得绢一百匹许,钱百馀贯,以施贫人,济诸穷者。

其二就是让太山府君成为阎罗的下属。唐代唐临《冥报记》中有个睦(一作眭)仁蒨的故事(此条后人辑入唐人唐临《冥报拾遗》卷一),说他遇到了一个冥间的阴官,对他介绍阴曹地府的情况,其中说到:

仁蒨问曰:"道家章醮,为有益否?"景曰:"道者,彼天帝总统六道,是为天曹。阎罗王者,如人间天子。泰山府君,如尚书令录。五道神如诸尚书。若我辈国,如大州郡。每人间事,道士上章请福,如求神之恩。大曹受之。下阎罗王云:'以某月日,得某申诉云。宜尽理,勿令枉滥。'阎罗敬受而奉行之,如人奉诏也。无理不可求免,有枉必当得申,何为无益也?"

也就是说,冥间的天子是阎王,而太山府君则是阎王手下的宰相。这是一个把阎罗王与太山府君尽力调和在一起的典型,虽然立场并非是佛教徒,但已经让太山府君成为阎王下属,这也反映了佛教在此问题上的影响。而南朝刘宋时的《幽明录》(《太平广记》引作《幽冥录》)中赵泰入冥故事,其倾向更为露骨。故事中清河人赵泰被捉入冥府,先见一大城,崔巍如铁铸,入城西门,见官府,有二重黑门,数十梁瓦屋,有先捉到男女五六十人。主吏把赵泰名排在第三十。须臾带入大堂,见府君西坐,核实姓名。这府君应即太山府君。又把赵泰带入一黑门,有一绛衣人,问生时所行事,有何罪过,作何善行。赵泰答一无所为,并未作恶事。于是命赵泰至水官监作小吏。一日,赵泰至一门,上云"开光大舍",入三重黑门后,

> 见大殿,珍宝耀日,堂前有二狮子并伏,负一金玉床,云名狮子之座。见一大人,身可长丈馀,姿颜金色,项有日光,坐此床上。沙门立侍甚众,四坐名真人菩萨,见泰山府君来作礼。泰问吏何人,吏曰:"此名佛,天上天下度人之师。"便闻佛言:"今欲度此恶道中及诸地狱人皆令出。"应时云有万九千人,一时得出,地狱即空。

在这篇为佛教宣讲的故事中,太山府君已经完全归入佛教的冥府系统了。这种"包容"在唐末五代时出现的《十王经》中更成了定式,"经"中开首即有"诸菩萨摩诃萨、天龙、神王、天主、帝释、四大天王、大梵天王、阿修罗王、诸大国王、阎罗天子、太山府君、司命司录、五道大神、地狱官典"一段,太山府君已经为佛教收编,成为十殿阎罗之下

的一员。据《佛学大辞典》"泰山府君"条引《十王经注》五曰："太山王者。即是炎魔王之太子也，又云太山府君，又云奉教者，又云深沙大王。"而《胎曼大钞》六曰："太山府君，亦名奉教官，肉色，左手持人头幢，右手持书，于阎魔王断罪处记善恶业作天也。"

但这只是事情的一个方面，虽然佛教徒极力要用自己的意志把太山府君进行改造，但事实则是，从南北朝直到唐代，太山府君的势力一直与阎罗王相抗衡。从《太平广记》中所记录的唐代故事中可以看出，太山府君一直为民间所信奉。所以知趣的僧侣就不得不考虑这一"民意"，在他们传道故事中有时就把阎罗王与太山府君合而为一，如《法华经传记》卷六有唐真寂寺释慧生故事，其中的阎罗王就自称"我是泰山府君阎罗王"。或者如唐大善无畏内道场秘译《阿咤薄俱元帅大将上佛陀罗尼经修行法仪轨》就把民间信仰的鬼神掺和进去："二十八部，一切神王，参辰日月，诸天善神，南斗注生，北斗注杀，天曹天府，太山府君，五道大神，阎罗大王，善恶童子，司命司录，六道鬼神，山神王，海神王，风神王，树神王，水神王，金神王。"而一些幽冥故事也常把太山府君、司命与阎罗王并列，同为幽冥主者，如唐代戴孚《广异记》"张瑶"一条中，张瑶死后入冥，见阎罗王，为查其寿命，除了看"阁内簿"即阎罗府生死簿之外，还要看太山簿和司命簿。结果是"汝名两处全掩，一处掩半，六分之内，五分合死"，可见三簿的权威性是相等的。

阎罗系统真正对太山府君形成压倒性的优势，其实是《十王经》流布的结果。但很快情况又发生了变化，北宋真宗册封泰山为东岳大帝，又给泰山治鬼说提供了一个新的机会，太山府君重新以东岳大帝的身份出现，要把阎罗王纳入口袋了。

佛教的阎罗系统表面上是用阎罗取代了太山府君，其实只不过是把冥府的主宰换了个名字。这个阎罗系统完全是中国化的冥府，十殿阎王都是华夏的人鬼充任，判官等官属名目也全随中土官制的变迁而变化。可以说，除了安排一个地藏菩萨作为精神象征之外，阎罗殿就是中国官府的倒影。但它的名分却是佛教的，也就是说，用各种法事赚的钱是要流入和尚的口袋的。

五、道教与太山府君

太山府君虽然借助于一些佛教的材料，但在本质上是中国本土的冥府。它的产生与民间方士有很重要的渊源，所以在后来与道教的关系也自然密切，道教在创立自己的冥府体系罗酆山的同时，也没有放弃对中国传统的冥府的吸收，这主要就是指司命和太山府君的道教化。在此先补充说明一下"太山府君"与"司命"的结合。晋时干宝《搜神记》卷十五：

> 汉献帝建安中，南阳贾偶，字文合，得病而亡。时有吏将诣太山，司命阅簿，谓吏曰："当召某郡文合，何以召此人，可速遣之。"

这位"太山"的"司命"，其实即是太山府君。"司命"作为司掌人的生死的大神，起源要早，影响也大，所以在方士引进太山之时，借用司命作为官称，也是合情合理的事。但司命用于太山，在典籍中仅有这一条记载。他究竟是"太山治鬼"这一新的观念形成初期而尚未定型的一种称谓，一旦定型为太山府君，他也就在民间信仰中消失了呢？还是在太山府君这一称谓已经深入人心之后才出现，虽然这一名称与太山司鬼的职能更贴切，但终究未能得到人们的认可呢？也有一个可能，正是因为"司命"之神在中国传统宗教中出现得太多，容易造成混淆，所以人们宁可采用"太山府君"这一独具特色的名称。不管怎样，司命在太山虽然没有站住脚，却在道教的仙官中时有出现，如茅盈为司命神君，"司校太山死生录"，其实也是太山司命的变形。

但南北朝时，南朝的上清派道士对太山府君是采取排斥态度的。他们无视太山府君在民间的影响，自己模仿佛教另建一个名叫罗酆山的冥府系统，而在这系统中只有一个"泰山君"茍颐，为四镇之一，与卢龙公、东越大将军、南巴侯各领鬼兵万人，下有长史、司马，复有小镇数百，各领鬼兵数千人。很明显，这个泰山君不是泰山府君，而是鬼帅，他在冥间只收"奉鬼祠邪精之神而死者"（《云笈七签》卷七十九）的鬼魂，而上清派的冥府主宰是酆都北帝。南朝道士对民间信仰的排斥也许与南北对峙的政治形势有关，但上清派的贵族性质应是一个更重要的原因。罗酆山系统的贵族性质自然不会为民众所接受，所以除了一个酆都大帝的名号勉强存留下来，其体系尽管在后代不断有道士们进行补葺，却始终未能挽回崩解的下场（后世的酆都鬼城其实是阎王系统）。

但上清派却从另一个方面对泰山治鬼说进行了贵族化改造，那就是"三茅真君"的出现。

前面提到的茅盈是三茅真君中的老大。这三茅真君是道教茅山派的祖师，其实他们的出身背景却与泰山有关。据晋时葛洪《枕中书》：三茅为"保命定录司非监"。而《汉武帝内传》亦曰："咸阳茅盈，字叔升，受黄金九锡之命，为东岳上卿司命真君。"又曰："封其弟固为定录君，衷为保命君。"又是司命，又是定录和保命，而且与东岳泰山相关，这就不能不让人怀疑他们本来是冥府之官。而作为神仙祖师的茅山道士，其实似乎是幽州人"茅君"。

即使到了元明之后，三茅与泰山的关系仍然不时显露出来。《三教源流搜神大全》卷一述茅盈云："至汉明帝朝仪朔三年，天书忽降，皆玉篆龙文，云大帝保命真君，与圣帝同签生死，共管阴府之事。"清代徐道《历代神仙通鉴》以西城王君之弟为东岳神，谓其以泰山玉女招茅盈为婿，故佐东岳司命。又，今北京东岳庙中也曾塑有三茅真君像。这些后世的记载完全是南朝时三茅身份的记忆。所以三茅真君也是道教吸收太山冥府的一个例证。

相比而言，北朝道士对太山府君的态度要更宽容一些。虽然自六朝以后，随着僧徒势力的扩大，阎罗王冥间体系的传播，太山府君的地位已经相形见绌，但在此后相当长的时间内，太山府君仍在民间留有一席之地，而道教则尽力维持着他的地位。

唐代戴孚《广异记》中有"李播"一条：

> 高宗将封东岳，而天久霖雨，帝疑之，使问华山道士李播，为奏玉京天帝。播，淳风之父也。因遣仆射刘仁轨至华山，问播封禅事。播云："待问泰山府君。"遂令呼之。良久，府君至，拜谒庭下，礼甚恭。播云："唐皇帝欲封禅，如何？"府君对曰："合封。后六十年，又合一封。"播揖之而去。时仁轨在播侧立。见府

> 君屡顾之，播又呼回曰："此是唐宰相，不识府君，无宜见怪。"既出，谓仁轨曰："府君薄怪相公不拜，令左右录此人名，恐累盛德，所以呼回处分耳。"仁轨惶汗久之。播曰："处分了，当无苦也。"其后，帝遂封禅。

这个故事中太山府君与东岳合而为一了。只有作为东岳，太山府君才有能力参与朝廷的封禅大典，以往作为冥府主者的太山府君是从来没有过这种荣光的。但他又是冥府主者，宰相刘仁轨没有朝他下拜，他就让手下记下名字，准备回去在生死簿上做手脚。李播是唐初大天文学家李淳风的父亲，而他本人也精通星象律历。故事的道教的立场是很鲜明的，从太山府君对李播与刘仁轨的不同态度，就可以看出来道士们吹嘘自己的伎俩与和尚也是不分上下的。可是值得注意的是，道教在这里显然还没有把泰山府君与东岳等同起来，可是泰山府君却能向人主传递天帝的消息，通知人主是不是可封东岳，这无疑使泰山府君的地位得到了抬高，已经不完全是冥府主者的身份了。这也许可以看出北朝道士与南朝道士对太山府君的不同态度。

在整个唐代，太山府君屡见于文人笔记小说，可见它的名号在民间的影响足可以与阎罗王抗衡。当然，名号归名号，这时的太山府君往往就是阎罗王的另一个称呼。

唐代牛僧孺《玄怪录》"刘讽"一条中的太山府与阎罗王并称于阴府，不知是一物而二名，还是太山与阎罗并居于冥府。其中说起阴间几个女郎饮酒许愿：

> 女郎谈谑歌咏，音词清婉。一女郎为录，一女郎为明府，举觞醉酒曰："惟愿三姨寿等祁山，六姨姨与三姨婆等，刘姨夫得太山府纠成判官，翘翘小娘子嫁得朱馀国太子，谧奴便作朱馀国宰相。某三四女伴，愿嫁地府司文舍人。不然，嫁得平等王郎君六郎子七郎子，则平生望足矣。"

太山府自是太山府君的衙门，而平等王就是"阎罗王"的另一种译法。"司文舍人"、"纠成判官"是自拟的冥曹官属，可以看出南朝道士酆都官

属的一些影响。值得注意的是,这里的平等王有六郎子七郎子,而唐人小说中往往为泰山府君编出几个郎君,赫赫有名的泰山三郎自不用说,唐代薛用弱《集异记》中又有泰山七郎,而《太平广记》卷二九七引《冥报录》(疑即唐代唐临《冥报记》)中则有泰山四郎。所以这里的"太山府"可能就是平等王的官署,阎罗与太山在此实是一物而二名。

李伯言《续玄怪录》佚文有"王国良"条,言恶吏王国良于元和十二年冬身染重病,卧七日而死,又七日而苏。自言:

> 疾势既困,忽有壮士数人,搢拳露肘,就床拽起,以布囊笄头,拽行不知里数,亦不知到城郭。忽去其头囊,乃官府门也,署曰"太山府君院"。喘亦未定,掉入厅前,一人绯衣当衙坐,谓案吏曰:'此人罪重,合沉地狱,一日未尽,亦不可追。可速检过。'其人走入西廊,逡巡曰:'国良从今日已后,有命十年。'判官令拽出放归,既出门,复怒曰:"拽来!此人言语惨秽,抵忤平人。若不痛惩,无以为诫。"遂擒坐决杖二十,拽起,不苏者久之。判官又赐厅前池水一杯,曰:"饮之不忘,为吾转语世间人,慎其口过。口之招非,动挂纲罗,一言以失,驷马不追。"国良匍匐来归,数宿方到,入门蹶倒,从此忽悟。

这里的太山府君院与阎罗殿没什么两样。又有将阎罗与太山府君并提的,《太平广记》卷三三七引唐代戴孚《广异记》:

> 潞城县令周混妻者,姓韦名璜,容色妍丽,性多黠惠。恒与其嫂妹期曰:"若有先死,幽冥之事,期以相报。"后适周氏,生二女。乾元中卒。月馀,忽至其家,空间灵语,谓家人曰:"本期相报,故以是来。我已见阎罗王兼亲属。"家人问见镬汤剑树否?答云:"我是何人,得见是事!"后复附婢灵语云:"太山府君嫁女,知我能妆梳,所以见召。明日事了,当复来耳。"

这故事中先说见"阎罗王兼亲属",后面又说明是太山府君和他的女儿,可见此处的"太山府

君"就是阎罗王的另一个称呼。

综上所引,唐代的太山府君虽然屡屡出现,但却多为阎罗王的一个别称。记录这些故事的作者为什么不直接说明冥府主宰是阎罗王,却要用太山府君淆乱名物呢?这是不是也反映着一种虽然认可了阎罗体系,却仍坚持把它彻底汉化的倾向呢。

从五代时道士杜光庭在《神仙感遇传》中所记"杨大夫"一则,更可以看出道士对阎罗的深入民间进行的抵制。这个杨大夫在十八岁时曾为冥官所拘,无疾而死,由于冥府有人说情,放他生还。于是杨颇留心炉鼎,能制返魂丹。有疾疫暴病死者,研丹一粒,拗开其口,灌之即活。有阉官夏侯,得杨丹五粒。

> 夏侯一旦得疾,状甚危笃,取一粒以服之。既而为冥官追去,责问之次,白云:"某曾服杨大夫丹一粒耳。"冥官即遣还。夏侯得丹之效,既苏,尽服四丸。岁馀,又见黄衣者追捕之。云:"非是冥曹,乃太山追之耳。"夏侯随去,至高山之下,有宫阙焉。及其门,见二道士,问其平生所履,一一对答。徐启曰:"某曾服杨大夫丹五粒矣。"道士却令即回。

这里的太山府与"冥曹"并提,而冥曹明显是指阎罗所掌。太山府也司掌拘魂,但由于是道士所掌,对所拘之人极为仁慈,而且多放生还,这就与和尚们宣传的阎罗地狱形成鲜明的对照。

与杜光庭同是五代时蜀人的景焕,在《野人闲话》中又记一则故事,从中也可以看出当时道士用宣传太山府君来抗拒阎罗的努力:

> 罗江县道士谯义俊,壮年忽梦太山府君追之,赐以黄敕,补为杖直,昼归阳间,夜赴冥府,如此二十馀年。常说人间有命未终为恶者,追生魂笞之,其人在阳间之病或贫乞是也。往见亲戚及里人被笞者,明旦往视之,皆验,然恒愿得免。忽于冥间遇道士,不言姓名,谓曰:尔何不致名香?昼于阳间上告南辰北极,必得免。义俊依此虔告。忽尔太山府君却追黄敕,自是遂免。

(下转第66页)

略谈中国的古琴与琴派

杨海涛

古琴艺术是继昆曲之后成为我国第二种被选入联合国人类口述和非物质遗产的代表项目。因此认识古琴，了解古琴艺术十分必要。本文拟对古琴及琴派作一简单介绍。

琴是中国古老的拨弦乐器，亦称瑶琴、玉琴，现代称为古琴、七弦琴。琴的全身是扁长共鸣箱。琴身宽的一端为头，窄的一端为尾。琴头上嵌有承弦的岳山，尾端有承弦的龙龈和保护琴尾的焦尾。琴面外侧13个圆点称为徽，是泛音的标志，也是音位的重要根据。琴徽多用贝壳制，也有的用玉石或纯金制。琴背有大小不等的两个出音孔，大者称龙池，小者称凤沼，出音孔以长方形为常见，也有圆形或一圆一方者。古琴有大、中、小多种，以中型为多。其形制和结构基本相同，根据琴的外形，有仲尼式，连珠式，落霞式，蕉叶式等等，仲尼式最为常见。古代琴用丝弦，最佳者呈半透明状，称为冰弦。

传说古琴是神农或伏羲所造，不过在《尚书》、《诗经》等古文献中已经常提到这种乐器了。新中国成立后，我国在考古发掘中出土了不少古琴，如湖北随县擂鼓墩发掘出的战国初期曾侯乙墓，就出土了五弦和十弦琴，距今已有2400多年。另外，湖南长沙五里牌木椁墓中还出土了战国时期的九弦琴，长沙马王堆3号墓出土了西汉七弦琴。这些古琴的出土，证明至少在周代琴已成为当时的重要乐器之一，迄今已有数千年的历史。先秦出土的古琴，身长较短，琴的形制尚未固定，没有琴徽，构造也较简单，古琴至迟在汉魏时期就已形成七弦十三徽的形制。汉蔡邕《琴操》上说，琴长三尺六寸六分，宽六寸，七弦。后世基本延续它的形状、弦数、徽位。

据说最早的琴，并不是单纯的乐器，而是巫师手中一种能发音的法器，所弹的琴曲也不是乐曲，而是代表神的语言，或愿望与意志的反映。琴从法器转化为乐器，源于3000多年前西周晚期东周初期的文化人——士的兴起，琴在士的手中，自弹自唱，用以抒发情感，《诗经》中的《大雅》、《小雅》就是他们弹唱的作品，孔子、伯牙、邹忌等，就是当时最负盛名的士兼琴家。

琴除了娱情功能外，还被赋予人格、情操的象征功能。古人把琴视为修身、齐家、治国、平天下的理想代言人，甚至视为文人的标志之一。这原本事出有因，积久便成定式，成为文人依附古琴的传统。故《礼记》曰："士无故不撤琴瑟。"[①]儒家认为："琴者，先王所以修身、理性、禁邪、防淫者也，是故君子无故不去其身。"《尚书》载"舜弹五弦之琴，歌南国之诗，而天下治"，可见古人对琴的推崇达到神圣的地步。琴、棋、书、画也是文人寄情、养性的四艺，而琴贵为四艺之首。古人以琴达志、以琴养性、以琴寄情、以琴会友。我国古代有不少弹琴名家，如春秋时的师旷在奏琴时，玄鹤"集于郭门，延颈而鸣，舒翼而舞"，"伯牙鼓琴，六马仰秣"，使动物也受到感召。还有伯牙以琴与子期结为莫逆之交，更有伯牙破琴谢知音的感人故事。

古人对制琴也十分讲究。古人认为斫琴选材，有阴阳之说。自古以来，琴面与琴底，都是以分别属阳与属阴的两种木材斫制而成。桐木属阳，置于上，斫成琴面。梓木属阴，置于下，斫成琴底。制琴的面板多选用纹理顺直、年轮宽度均匀、硬度适中、无节疤、虫蛀的干燥桐木。传说唐代雷氏制琴时，常于严冬季节，不畏风雪往峨眉山中搜寻上等琴材，而在胶合音箱、髹漆、上弦时，还要根据琴体木性和气候条件来进行。制成琴后，要周身上灰髹漆,漆以黑色为主,也有红色、棕色漆。琴身的漆经过百年左右,开始产生断纹。有断纹的古琴,不但琴音透澈,而且外表也很美观。北宋以来,古人对此极为重视。断纹的形状较多,计有蛇腹断、梅花断、细纹断、牛毛断、流水断、龟背断、冰裂断等多种,历来以蛇腹断和梅花断最为名贵。断纹也是鉴定古琴年代的参考依据。

古人认为,一张好琴应具备奇、古、透、静、圆、清、润、匀、芳等"九德",实际上九德兼备的琴极少,一般具有静、透、圆、润、清、匀就算是一张很好的古琴了。《梦溪笔谈》说:"琴虽用桐,然须多年木性都尽,声始发越。"古琴经历年代久远、琴体中的胶质和漆性都已散尽,故声音清、脆、圆、润,清远淡古,为人们所珍爱。与其他乐器相比,古琴独有的艺术魅力特色有八种:音兼金石、声希音淡、节奏缓雅、韵长味久、情趣灵动、神运体清、道艺并传、天人合一。以音色来说,众器之中,只有古琴才能同时发出金石同体的音色与音韵。②

古琴艺术和其他艺术形式一样,有不同流派,并且由来已久。唐代琴人赵耶利就曾比较过江浙琴乐与四川琴乐之间的不同,他说:"吴声清婉,如长江广流,绵延徐逝,有国土之风。蜀声躁急,如急浪奔涛,亦一时之俊杰。"③清人蒋文勋也说:"琴之论派,由来久矣。晋侯见钟仪,与之琴,操南音,此略见于春秋时者。"④古琴流派是具有共同艺术风格的琴人所形成的,它与画派一样,受地域和师承的影响。自古以来,乡土风格对琴曲演奏有明显的烙印。《左传·成公九年》记载,楚国琴师钟仪为晋侯鼓琴,因其浓郁的南国情调,而被认为是"乐操土风,不忘旧也"。宋朱长文《琴史》载,初唐琴师赵耶利曾形容当时两种琴风:"吴声清婉,若长江广流,绵延徐逝,有国土之风;蜀声躁急,若激浪奔雷,亦一时之俊快。"这说明地区差别对琴人具有不同影响。地方色彩是决定演奏风格的基本因素,也是形成琴派的基础。因此,后世的琴派都以地名相称。另外,共同的师承渊源是形成统一风格的主要依据。卓越的琴师以其精湛的艺术创造和独具一格的演奏,博得人们的仰慕和传习,因而"唐世琴工复各以声名家,曰:马氏、沈氏、祝氏……师既异门,学亦随判,至今曲同而声异者多矣"(《琴史·论音》)。唐初风行一时的沈家声、祝家声,就是根据不同的师承而命名的一些演奏流派。

地方色彩与师承特点往往通过传谱而固定下来。唐宋以来,琴谱的运用日益简化和普及,为琴派创造了新的条件。盛唐琴师董庭兰融会沈、祝两家声调,形成自己的风格,其传谱称"董家本"。宋代皇家推行的"阁谱",一度在北宋琴坛居于显要地位。但是民间的"野谱"却不断反映出琴家新的创造。其中"江西谱"就比僵化了的阁谱具有明显的优点。从唐代的吴、蜀声到沈、祝声,再到宋代的阁谱、江西谱,记录着琴派产生以前的发展历程,为形成琴派积累了日渐成熟的条件。由于琴派指的是一批琴人,所以早期的"声"或"谱",都还不是正式的琴派,只能说是它的雏形。而称"琴派"则始自明末的虞山派和清代的广陵派。历史上较著名的琴派主要是浙派、虞山派和广陵派。后世的琴派多以地区划分、命名,虞山派以江苏常熟为中心,广陵派以江苏扬州为中心,都是著名的琴派。吴越地区先后还有松江派、金陵派、吴派等,其他地区则有中州派、闽派、岭南派、川派、九嶷派、诸城派等。

浙派:源于南宋末期,当时称"浙谱"或"浙操",尚未形成真正意义上的琴派。创始人郭沔,是参政张岩的琴师,曾协助张岩整理韩侂胄祖传秘谱,又搜求民间野谱,编《琴操谱》15卷、《调谱》4卷。后因政局变动,该谱未能付印。郭沔从大量古今传谱中汲取了丰富的艺术营养,创作了《潇湘水云》、《秋鸿》等具有新水平的名曲。宋度宗时司农卿杨缵十分赞赏郭氏传曲,他资助琴师毛敏仲、徐天民向郭氏弟子刘志方学琴,又命他们广求遗谱,编《紫霞洞谱》13卷。此谱虽已不存,却对后世影响极深。毛敏仲创作的《渔歌》、《樵歌》、《列子御风》、《庄周梦蝶》、《禹会涂山》等曲,都是现存明、清传谱中常见的曲目。徐天民及其子徐秋山培养的元代琴家,如撰写《琴述》的袁桷、编《霞外谱琴》的金汝砺、弹《胡笳十八拍》的宋尹文等,都是一代名手。徐门第三代徐梦吉,号晓山中人,著《琴学名言》。因其长期在江苏常熟讲学,为当地出现虞山派准备了条件。徐门第四代徐诜,字和仲,随其父在浙江四明讲学,作琴曲《文王思舜》,编《梅雪窝删润琴谱》。该谱集中了徐门祖孙四代不断加工整理的浙派传曲,其中《潇湘水云》《秋鸿》《渔歌》《樵歌》等作品,经反复删润,精益求精，成为后世广为流传的优秀曲目。明初，成祖召见过浙派的徐和仲，松江派的刘鸿和张用轸。当时"浙操徐门，江操刘门"并称。此后，浙操逐渐取得优势，现存明代谱集如《琴谱正传》、《梧岗琴谱》、《杏庄太音续谱》、《文会堂琴谱》都继承浙派，明代尊之为"徐门正传"。后人称浙派传谱为浙谱。

虞山派：明代琴派，明末兴于江苏常熟，因当地有虞山而得名。虞山地处江苏常熟，当地有河流名琴川，所以又称"熟派"或"琴川派"。"浙操徐门"中的第三代徐晓山，曾在常熟传琴，致使当地名手辈出，陈爱桐即其中之一。传至严徵，结"琴川琴社"，并吸取京师琴家沈音的创造，形成"清、微、淡、远"的琴风，创立虞山派。严徵在所编《松弦馆琴谱》的序言中强调音乐本身的艺术表现，严词批驳了当时滥填曲辞的风气。严徵是文靖公严讷之子，做过知府，因其显赫地位而受到重视。其实，虞山派的奠基者是琴师陈爱桐，他的儿子陈星源作为严徵的琴师，在编辑琴谱中起实际作用。陈爱桐的另一再传弟子徐上瀛在严氏的基础上加以丰富，他把琴曲演奏的美学观点总结为24条逐条论述，即《溪山琴况》。他弥补了严徵片面强调"迟"的缺点，主张有迟则有速，如四时之有寒暑，还把严氏排斥的快速曲目《雉朝飞》、《乌夜啼》、《潇湘水云》收入他的《大还阁琴谱》，从而全面继承了陈爱桐的琴学。虞山派在琴界威望很高，20世纪30年代在上海成立的"今虞琴社"就是纪念该派而命名的。

广陵派：广陵派产生于清代的扬州，扬州古称广陵，故名。当时的扬州涌现出一批知名古琴家，最著名的是徐常遇，徐常遇，字二勋，号五山老人，他继承虞山派的"轻、微、淡、远"琴风，并在此基础上发展，其古琴演奏风格崇尚"淳古淡泊"，取音柔和，善用偏锋，节奏也比较自由而不拘。从而影响深远，形成广陵派。徐常遇所传琴谱于1702年刊为《澄鉴堂琴谱》，为广陵派最早的谱集。他的两个儿子徐祜、徐祺传其艺，受到康熙皇帝的召见，一时盛传"江南二徐"。徐祺游历了各地，辑《五知斋琴谱》。继起者吴灴是徐常遇之孙徐锦堂的弟子。吴灴广泛吸收诸家传谱共93曲，于1802年刊印《自远堂琴谱》，为广陵派集大成者。此后，清道光至同治年间（1821～1874年）的广陵派古

琴家秦维翰身体力行的"调气练指、审音辨律"的琴理，"分轻重之度，思缓急之宜"的操琴指法以及"勤求不懈"的艺术精神，奠定了广陵琴派"跌宕多变、绮丽细腻、刚柔相济、音韵并茂"艺术风格的基础，故而成为广陵琴派继承与发展过程中的又一位大师。秦维翰编有《蕉庵琴谱》。历史记载清代最有影响的琴谱总共11部，其中广陵琴派就占《五知斋琴谱》、《自远堂琴谱》、《蕉庵琴谱》、《枯木禅琴谱》、《澄鉴堂琴谱》5部。300多年以来，广陵琴家绵延不绝，他们的谱集成为近代琴人必备的常用书。近现代著名广陵派古琴家有丁玉田、孙绍陶、刘少椿等。1926年由著名古琴家孙绍陶与同好胡滋甫、王方谷等创建广陵琴社。他们在扬州史公祠后的梅花岭雅集，切磋琴艺，弘扬琴学，轰动当时的琴坛。

闽派：又称为浦城派，近代著名琴派。祝凤喈为代表，形成于清代末期。祝凤喈，字桐君，福建浦城人。父亲好琴，兄长善琴，祝桐君学琴从家学，致力于琴学先后30余年，"官于江浙，以琴自随，所至名噪一时"，著有《与古斋琴谱》。主要风格是指法细腻，潇洒脱俗，疾缓有度。代表人物还有许渔樵、张鹤等。代表琴曲有《渔樵问答》、《平沙落雁》、《阳关三叠》、《石上流泉》等。继其学者有张鹤，编有《琴学入门》；陈世骥，编有《琴学初津》；苏琴山，编有《春草堂琴谱》。

岭南派：又称为广东琴派。形成时期为清代道光年间。创始人为黄景星，他继承先人的《古冈遗谱》，又向香山何洛书学会十余曲。辑50首为《悟雪山房琴谱》。近人郑健侯传其学。此琴派的主要风格为清和淡雅。代表人物有黄景星、李宝光、郑健侯、杨新伦等。代表琴曲有《碧涧流泉》、《渔樵问答》、《怀古》、《玉树临风》、《鸥鹭忘机》、《乌夜啼》等。重要琴学著作有《古冈琴谱》、《悟雪山房琴谱》等。

川派：此琴派又称蜀派。形成时期在清代，创始人为著名琴家张合修（孔山）。川派的知名琴家有张孔山、杨紫东、李子昭、吴浸阳、龙琴舫、顾玉成、顾隽、顾梅羹、夏一峰、查阜西、喻绍泽等人。此琴派的主要艺术风格为躁急奔放，气势宏伟。代表琴曲为《流水》、《醉渔唱晚》、《孔子读易》、《普安咒》等，其中以《流水》和《醉渔唱晚》等曲最为流行，尤其受到琴学家的重视。这一琴派的重

要琴学著作有唐松仙的《天闻阁琴谱》、顾隽的《百瓶斋琴谱》以及《沙堰琴编》等。

诸城派：近代琴派。创始人为王溥长、王雩门等。山东诸城王溥长、王作祯、王露，祖孙三代以虞山派为基础，另有王冷泉和他的学生王宾鲁以金陵派为基础。两者汇流，又结合当地民间音乐风格，形成具有山东地方风格的诸城派。此琴派辑有《桐荫山馆琴谱》、《梅庵琴谱》。代表曲目为《长门怨》、《关山月》，都是当代比较流行的琴曲曲目，在古琴界影响比较大。此琴派内部风格也不尽相同，主要为王溥长所代表的清和淡远和王雩门所代表的绮丽缠绵。代表人物有王溥长、王雩门、王心源、王宾鲁、王心葵等。

九嶷派：形成于清代时期。创始人为杨宗稷（时百）。主要风格为苍劲坚实，讲究吟猱节奏。代表人物有杨宗稷、管平湖等。代表琴曲有《流水》、《广陵散》、（胡笳十八拍）、《幽兰》等。重要琴学著作为杨宗稷的《琴学丛书》等。

梅庵派：形成于清代时期。创始人为王宾鲁（燕卿）、徐立孙。主要特点是流畅如歌、绮丽缠绵，吟猱幅度较大。代表人物有王宾鲁、徐立孙、邵大苏、王永昌等。代表琴曲有《平沙落雁》、《长门怨》、《关山月》、《秋江夜泊》、《捣衣》等。重要琴学著作有《龙吟馆琴谱》（毛式郇）、《梅庵琴谱》（徐立孙）等。

古琴艺术是中华民族传统文化中不可多得的瑰宝，几千年来，琴的发展与演奏绵延不绝，历代琴师对琴曲的流传和发展作出了重要贡献，至今尚有上百种琴谱传世，其中保存了大量的古代音乐作品，具有珍贵的史料价值。今天，我们面对着作为文物的传世古琴，仿佛在悠远的历史时空中，听见古琴那深邃高远的妙音在萦绕回响，诉说着先祖虽已远去却不曾离弃的仙骨道风与华夏灵魂。

注　释：

①朱坚坚《琴：中国历史文化精神的显现》，《武汉音乐学院学报》2003 年第 2 期。

②陈静《从四川省博物馆馆藏古琴谈古琴文化》，《四川文物》2003 年第 1 期。

③朱长文《琴史》，据汪孟舒《乐圃琴史校》，北京 1959 年刻印本。

④蒋文勋《琴学粹言》，据清道光十一年刻本《二香琴谱》。

（上接第 62 页）

但这时伪造的《十王经》已经广布于民间，要想挽回道士在冥事中的市场，已经太晚了。

到了宋代，由于冥府的主宰权上发生了新变化，太山府君在南宋渐渐抬头，那已经是东岳大帝入主冥界的先声，我们到"东岳大帝"一节中再补述吧。

注　释：

①东汉墓镇石中既有"五方帝镇石"，又有"西岳神符"。见罗振玉《金石文字目·蒿里徐载目录》92"墓中镇石"，辽宁教育出版社，《雪堂类稿》戊编，2003 年。

②（清）王士祯《池北偶谈》卷二十二："顺治十年四月，泰安州知州某于泰山下行，忽见片云自山巅下，云中一人，端然而立，初以为仙，及坠地，则一童子也。惊问之，曰：'曲阜人，孔姓，方十岁。母病，私祷太山府君，愿殒身续母命。母病寻愈，私来舍身岩，欲践凤约，不知何以至此。'知州大嗟异，以乘舆载之送归。"《熙朝新语》卷六记此为康熙间事。

千年南通的第一个崇文盛世和顾养谦

卢君佳　曹晓东

大地沧桑造就了广袤的江海平原,时间的长河孕育了一代一代的江海儿女,经过长达千年积淀所蕴含的丰厚文化底蕴终于在明清两代绽放出璀璨多姿的文苑之花。

一、特殊地理条件下的南通

经过数百年的孕育,到明代,南通迎来了她的第一个崇文盛世。纵观南通历史,在 1000 多年前,这块得天独厚的长江冲积平原,沟河纵横,土壤肥腴,水草丰茂,气候宜人,盐业水产农业等资源十分丰富。由南北各地逐渐迁徙来的移民和早先流人等在这块土地上以打鱼摸蟹、煮海积盐、男垦女织为生。它东临滔滔大海,南面茫茫长江,北接河沼泽地,人马难行,交通闭塞,成为进得来出不去的"牛角梢"。然而,在自给自足的年代,这一弊端却也是大利:由于地处偏僻,这里少了政局动荡、兵灾战祸。历史上除了江堤坍塌等天灾和蒙古兵屠城、倭寇侵扰等事件外,生活基本上能图得温饱和安宁,可说是福地了。

如此经过宋元两个朝代 400 余年的生息繁衍,人口数量到了明代,已相当可观,由宋初天圣年间的 4 万人衍生到 7 万人,至明末达到 9 万人。伴随的是农田水利、港口、交通等条件改善,明初已修有驿道,以通城为人文地理中心的自然格局逐渐形成,经济繁荣,社会进一步发展。这就迎来新的气象:读书蔚然成风;地方官学、私学、社学遍及各乡镇,通过科考博取功名,成为跻身仕途脱贫致富的正道;历经数百年风雨积蓄的潜能和智慧终于喷薄而出,大量学子英才不断涌现。在整个明朝 276 年间,南通获赐进士者 60 余名并探花 1 名,考取举人者近 200 人。其余在府、州、县学读书并考试合格的诸生(秀才)和进入国家最高学府国子监深造的贡生、监生等多达 2000 余人。千年南通,到明朝中后期迎来了第一个崇文盛世。

清代这里造就出的人才更多,267 年中出进士近百人,举人 300 多人,榜眼和探花各 1 人,生徒 6386 人,中后期又接连出了两个状元。尤其是张謇的出现,为南通谱写了震撼全国的光辉诗篇,也使南通有了中国近代第一城的美誉。张謇对南通的贡献在历史上是无人可比的。

千年南通,它的历史文化风采值得骄傲和向世人展示之处,不仅在以张謇为代表的近代,而始于 300 年以前的明朝中后期。其时的南通钟灵毓秀,人才荟萃,享有"小扬州"、"北苏州"和"崇川福地"之荣称。在明史中,众多的名贤学子皆名重海内,学传后世。当年,他们中名气和影响较大的多达七八十人,成就遍及文学、戏曲、绘画、书法、中医药学、教育、园林、宗教、政治、军事、民族等各个领域。这些名贤当中,一些人淡泊名利,甘于居乡进行著述、执教、行医等文化和社会活动,但是大部分人尤其是已取得一定名位的进士、举人、贡监生等一般都在异地为官,声誉在外,功在他乡。对于他们,南通是根,是为之梦牵魂绕的故乡。当年民谣:"南通福地无限好,才子名人他乡老"既是真实的写照,也表达了无奈与思念。因此我们对他们的纪念不能囿于他们对南通有无直接贡献,更何况他们的学术造就和光辉业绩都值得我们骄傲,我们应该尽力传承和倍加珍惜。

在这些名贤当中,顾养谦可为代表,他在军事、政治和诗词、散文、书法、园林等文学、艺术领域都有很高的成就和很深的造诣。是明代任职最高、影响最大、口碑最好、业绩最显赫的一位,素有"吾乡之伟人"和"勋名第一顾尚书"的美誉。

我们若在着重宣传以张謇为代表的年代的基

础上,把明代厚重历史中以顾养谦为代表的名贤和知识群体的立功、立德、立言之处以及他们所创造的感人事迹都着重向世人显示,将对加强南通人的历史责任感和自豪感,展现南通人的精神风貌,加固血脉亲情,继承和弘扬深邃的江海文化,有着十分现实和深远的意义。

二、顾养谦生平事迹和有关历史背景

顾养谦字益卿,号冲庵,嘉靖十六年(1538年)生于通城柳家巷,二十八岁为嘉靖进士,累官兵部右侍郎兼右都御史,总督蓟辽,万历三十二年(1605年)卒。遗书上,神宗震悼,谕祭葬,赐谥襄敏,赠兵部尚书,祀乡贤祠。

读者也许要问,如此之伟人为何明史中无其列传?中国明史学会会长王毓铨主编的《中国通史 第九卷 中古时代·明时期》一书序说指出:因忌讳,"凡是明朝人中所长而必书之事在于建州者,则《明史》中削其人而不为立传。如顾养谦、宦官亦失哈等,因生平活动不可离辽东及建州之事,《明史》中遂无传"。现将通过多渠道搜集到的资料整理介绍如下:

(一)"羽扇纶巾,谈笑间樯橹灰飞烟灭"

明代从嘉靖开始,有两股风气:一是"武臣好文",二是"文士论兵"。武臣好文,到隆庆时期,有名的武将,已不单单依靠词客写作疏表,而是把自己也能诗词翰墨当作一种儒将的标志,如戚继光在蓟州时即与当时大名士汪太涵等交往,以风雅自命。而文士论兵,在万历早中期的数十年间则以顾养谦、叶龙潭等一批出身词林而究心武事的士大夫为代表。其时四方多事,他们簪笔吮毫,也时伸弯弓击剑之技。担当了统兵将帅后,史家称说他们"足为文人生色",自有一种"羽扇纶巾,谈笑间樯橹灰飞烟灭"的英雄气概。

顾养谦一生富含传奇色彩。据传他曾"捕黠鼠千余,以兵法部署之,鼠竟不敢逸"。中进士为官后,南征北战30年,先后在福建剿平邵武党斗作乱;在广东擒山寇,使寇首赖一清等悉数坐法;在浙江平兵变,犁其魁宿,立斩以殉。这期间因战功卓绝,数次升迁。

顾氏在辽东期间更是战功赫赫。其时辽东边关累遭女真、蒙古、倭寇侵扰,民众岁无宁日。

明代女真分为建州女真、海西女真等4大部分。那时对辽东影响最大的是海西女真,其中实力最强的是叶赫部和哈达部。万历十五年,哈达的万汗死后,内部政局不稳,顾养谦抓住有利时机,以降丁为向导,引兵出塞,进攻哈达部孟格布禄。此役共斩杀554级,这在当时是个很大的数字。哈达部受此重创,从此一蹶不振。据顾梦璞、徐益修先生考证,顾氏曾毙满洲景、显二祖于古勒城。后来顾氏与李成梁合力剿抚海西其他各部,大小数十战,功勋尤著。

万历年间,蒙古的土蛮势力仍然十分强大,且逐渐东移,经常骚扰辽东地区。万历十四年三月,土蛮部长依克灰正纠集把兔儿等,直抵辽阳,以武力逼迫朝廷增加岁赏。顾氏、成梁得知后,决定出奇兵:杀敌人一个措手不及。于是,率领副将杨燮,参将李兴等轻骑出了镇边堡,昼伏夜行200余里直达可可母林。史载,是夜天风雷鸣,扬沙蔽天,人马嚣尘不能辨,蒙古兵无从觉察明军的进军路线及战略意图。当帐外喊杀四起,即便仓促应战的蒙古兵矢发如雨,也未能挽回败势。是役,明军共获首级900,其中还有24位酋长的首级。此后虽仍屡有侵扰,多时达数万骑,均为顾氏与成梁击退。顾氏抚辽期间,李成梁任勇,顾氏任谋,机不先露,善出奇计,战术灵活多变。有长途奔袭,有据险设伏,有直击对方大本营的"捣巢"行动,也有在退军中掩杀取胜的,总之师出必捷,威震绝域。顾氏不但足智多谋、治军严谨,且每奏捷力辞封赏,推功于李成梁和其他将吏,而对于李氏的不检,他总是从大局出发予以包容。据明史《李成梁传》,巡按陈登云、许守恩等先后拟奏李成梁的杀降冒功等状,均被顾养谦劝阻。故史家叹顾氏曰:"公之战迹见明史李成梁传,而未列专传,呜呼,此明史之可议者。"

倭寇是侵骚中国沿海一带的日本海盗,在时间上,几乎贯穿整个明代;在地域上,北起辽东,南至广东、海南,遍及沿海各省。顾养谦与李成梁在当地军民的大力支持下,经过无数次的剿灭,终于平定了辽东倭患,据张松林先生介绍,当时有人作诗记载顾养谦战功:"金银百万赏格悬,人争向敌自偭。万倭曾无一倭返,咋指相戒唐有人。从此东夷不复至,海上承平四十年。"

顾氏智勇双全,胆识过人。据史载顾养谦抚辽时,一次战斗俘得海上倭寇数十,皆贷命以实行

伍,私念大房目未识岛夷,可以奇胜之。一日报房骑入犯,命诸倭仍故装匿中军,候战酣时,急执发跳跃齐出,房惊未定,则霜刃及马足,皆踣仆就戮,余骑迸散。

顾氏多韬略和远见。万历十五年,努尔哈赤在辽河流域扩大地盘,侵蚀其他部落,十一月顾氏上表奏:建州努尔哈赤借报父和祖父之仇,带兵统一了建州的五个部落,势力日益强大,提议征剿以免养虎遗患。万历十六年又上表奏明神宗:"努尔哈赤者,建州黠酋也,骁骑已盈数千。"然监察御史王缄主抚,其他监察御史亦参劾顾养谦"贪功邀赏"。顾氏在闽粤滇等地任职时,就每为国计民生事与朝廷不合而遭非议,甚至受迁。后来在万历二十年,朝廷起用为兵部右侍郎,总督蓟辽军务。这期间援朝抗倭第一次战争结束,他提出了册封丰臣秀吉为日本国王、日军必须退出朝鲜和贡道选在宁波的封贡方案。但以御史杨绍程等为首的文官反对封贡,两方争执不下。顾养谦是从战略高度、兵力布局和轻重缓急的策略部署统筹考虑的:第一次抗倭援朝主要作战兵力取自辽东,辽东的防务本来就十分繁重,兵力抽调后,辽东长城沿线防守出现多处薄弱环节。而其时努尔哈赤对女真各部的统一战争接近尾声,军势日强。在这种巨大现实威胁下,顾养谦首先考虑本朝安危。因在明朝,倭寇再猖狂也不过是在边境挑衅的流寇,辽东的女真部落才是真实切近、关系到明朝江山是否易主的严重威胁。况且此时西南少数民族地区也发生叛乱,威胁四川安全,大有蔓延之势,也需要用兵。因此,顾养谦的奏折立刻引起神宗的重视,兵部尚书石星和多数武将也力主封贡。然而朝廷党争不断,久议不决。直至万历二十二年四月仍无结果。鉴于朝廷中宦官肆虐,朋党争斗,失去了正确的是非判断,加上种种非议,事多掣肘,顾氏无意卷入这是非之圈,且时年老多病,遂以封贡议坚请罢免,荐侍郎孙矿自代,从此托疾引归。不久册封方案获准(但不通贡),明大臣一行人渡海抵达日本大阪城,丰臣秀吉接受册封诰命书、国王金印及明朝冠服。后来努尔哈赤称帝,明朝灭亡,事实证明了顾氏的深谋远虑。

顾养谦文武全才,平乱御敌,非每次均用兵,常先以榜文,喻之德威,晓以利害祸福。万历六年,云南顺宁土官作乱,杀淫抢掠,顾氏为檄四千余言,乱首捧檄泣,稽首听命,滇人谓公一檄贤于十万师。顾既任蓟辽总督,史载一次众倭发难,他发文喻之,寇遂以顺服。

顾氏虽为高官,但廉洁奉公,德操自守。史载顾氏在粤时,有副将沈某赠以海产,瓶开见金藏其中,大怒,欲移文处置,后其人叩头谢罪,持金而去乃已。

(二)"曾为辽人千载计,至今香火遍辽东"

顾氏亲民如己,急民之所急。某年发大水,遍地饥荒。顾氏一面设法紧急救援,一面力请开海禁放仓粟,救活了饥民7万余人,随后进为南户部侍郎。顾氏抚辽时,为明万历十三到十七年,任蓟辽总督为明万历二十到二十二年,前后虽仅7~8年时间,但他赤胆忠心,为国家和当地民众立下了丰功伟绩。他的平乱御敌事迹安定了百姓生活,大长了国人志气,可谓彪炳千古。当地辽人大感其德,所以后来明代诗人书法家汤有光赋诗哭顾氏云:"曾为辽人千载计,至今香火遍辽东。"

顾氏爱兵如子,多次提出增加军费、提高军饷。据资料介绍,他宁可以自己的薪俸垫入兵饷也要保证正常供给。万历十四年,他在清水谷开垦荒田五千余亩,用佐军饷,军民喜动声色。他深受士兵爱戴,打起仗来士气高昂,所向披靡。但他军纪严明,从不侵扰百姓,所到之处广受欢迎,顾氏在蓟辽时,整修武备立足长远,除屯田外,着重火器制造和使用,并添设边台20余座。史书载,顾氏离蓟,"军士望翁如望云雨"。

他历官爱民报国,不仅在辽东。早先在山东、福建、广东、云南、苏州、浙江、河北等地任职时,除平乱、剿叛、擒寇等赫赫战绩外,每到一处,都倾注大量心血于清丈、浚河、救灾、轻赋、修边务等当地民生人事,故声名极好。在蓟州、永平等地,还兴办水利,为我国水利史添加了光辉的一页。史书载,万历二年,顾氏由岭南归(闽),自郡守而下,莫不感泣,父老数万人哭声震地,致其舆不得行;万历二十一年他曾上疏"京畿频罹重灾,民贫彻髓,草根树皮已尽,请调拨通州漕粮赈济",惜户部覆奏认为"京通所贮漕粮,向无擅动之例",神宗竟从部议,不肯发粮救助灾民。

(三)水远山高寄此生,乡亲故土总关情

顾氏长年在外,鞍马劳顿,却时刻牵挂家乡。平日所得俸赏常分散乡党及四方知交,穷乏而终者,往往经纪其丧,恤其妻子;万历三年,顾氏回通见狼山浮屠尽毁,金刚殿没入于江,遂商请官吏重建;又见家乡郡志久讹,乃言于郡守,聘山人沈明臣、朱当世纂修。万历二十七年,通郡守王之城于南郭外筑新城,毁剑山,强行迁徙掘墓,枯骨蔽野,乡里哭声震地,顾氏忙力阻郡守,未成,则亲至百姓中助其困难者。他并为此赋诗"空夸险设能防寇,斩断青山千古脉",叹息不已。他为家乡所记述的《重修狼山藏经阁碑记》《重修狼山寺记》以及由他题额的《新筑钟秀山碑记》等石碑现仍存狼山和钟秀山。南通近代名人徐昂,视家藏数世的养谦万历十七年铭砚为珍宝,惧其久而流失,曾呈请啬公存博物苑中,现应仍在。狼山东路的顾养谦墓等也均为南通市的重要文物古迹。

（四）"微吟每以陶谢法,独草岂徒旭素师"

顾氏从小聪明异常,四岁入学,即心静无华,勤勉好思。八岁能文,精美绝伦,称誉乡里。他工诗善吟,一生中各重要阶段都有动人的诗篇留下,是我国优秀传统文学宝库中尚待挖掘的瑰宝。顾氏堪为一代诗宗,落笔雄壮有奇气,《一经堂诗话》谓其平生诗如用兵,皆堂堂之阵、匹匹之旗。随录顾氏诗2首,可见其概:

其一　喜见海(早期任职云南时所作)

滇南好行役,五月雨萧萧。远道千峰里,仍看一水遥。波喧石崖铺,山豁海门桥。勿动乘搓意,轻帆向穴寥。

其二　辽阳行寄王子幻(作于戎马倥偬之时)

八月辽阳北风烈,万树秋涛卷黄叶。青天净洗浮云空,朔漠一扫胡尘灭。几回回首江南游,题诗却忆三年别。三年别君音信稀,故人念余余更切……

顾氏带笔从戎,任劳一生,公务余暇潜心著述。有公文《抚辽奏议》12卷、《督府奏议》8卷、《益卿诗文》20卷。诗文卷中的散文,有许多名句和写实纪事至今还广为人们传诵和引用。如顾氏在任云南金事时所作的《滇云记胜书》,形象地描绘了云南各地风物,其中关于成片茶花古树和紫色茶花的壮观景象,为我国近年来园艺学公认的经典著述;有关云贵高原星云湖景观的描述,则为当今旅游界引为导说词的典范。

顾氏尤善书法,精行草篆书,风格劲道利落,气度博大。其行书之妙,可称名家上乘。今人认为,顾氏最可贵处,是他不蹈古人窠臼,力创自己面目,南通博物院藏有其行书立轴。有人观看顾氏墨迹诗册后,曾作诗赞道:"……晴窗遗墨今更披,想见兴到濡笔时。微吟每以陶谢法,独草岂徒旭素师……"

（五）"与其结新知,不如敦旧好。与其施新恩,不如还旧债"

顾氏富正义感,为人正直,待友真挚热忱。曾云:"与其结新知,不如敦旧好。与其施新恩,不如还旧债。"尤爱与有才、有德、有志之士交往。因此他的挚友和敬慕他的当世名贤不在少数。

沈有容,是在郑成功之前,从倭寇手上收复台湾的第一人,是保卫台湾,守护金门、澎湖诸岛的民族英雄。他曾于万历三十到万历四十五年三次率军进入台湾,歼倭寇,驱荷兰,三次成功地收复、保卫了台湾。而独具慧眼,识得这个人才的伯乐便是顾养谦。万历十三年顾养谦听闻沈有容冲锋破敌之事,发现他是个人才,马上移咨上司,将沈有容调到自己麾下。又见他是使用火器的专业人才,便授予他全辽东镇的火器教练一职。此后他屡立奇功,直到擢升为都督同知。

李贽,我国明代的大思想家、文学家、史学家,提出了"不以孔子之是非为是非"的命题,是一位反传统、反迷信偶像的斗士。顾氏对于他的"至人之治",心有共鸣,也许因怜其才,为"自古材大皆难用"者不平,也许被他的不懈追求精神所感动,二人情谊极深,每每茶酒交谈,数日不断。李贽五十四岁辞官时,顾养谦深愆,一再挽留而未能。在朝廷为李贽的争执中,一部分官员支持耿定向,另一部分官员则为李贽辩护,水火不相容。据史载,先后保护李贽的,就首推总督顾养谦、刘东星等人。李贽死后,巡按刘维及布政、臬按察两司,辑当时士绅名人赠言为《高尚集》以彰其志,顾养谦撰序以赠。而李贽也视顾氏为志趣相合、心灵相契的知己,认为顾氏是"具大有为之才,负大有为之气,而时时见大有为之相",是"盖世人豪",表示"无不愿奔走追陪","或执鞭、或随其后乘,或持拜帖匣"。在《续焚书》"与友人"一文中,李贽为老友顾养谦悲愤叹息:"顾冲庵老矣,今年六十一矣,再过五、六年,恐死矣。老不老,死不死,于英雄何损!但今日边方渐以多事,真才日以废黜,不免令人腕而太息耳!"顾氏退归乡里后接连致函李贽,请他到通州与己同商学问，共度晚年。李贽分别于万历二十六至二十七年间，写了三封致谢的信。其中最后一封《复顾冲庵翁书》言："求师访友，未尝置怀，……但老人出门大难……适病暑"云云。说明李贽这一年的夏季正欲出行，因天热病而未成。下面随录李贽诗一首以见他们友谊之深："滇南万里忆磋磨，别后相思听楚歌。楼拱西山庭履满，尊空北海酒人多，一江之水石城渡，八月随潮扬子过。今日中原思将相，谢公无奈苍生何！"（《使往通州问顾冲庵》）

万历状元焦竑，是明代著名的思想家、古音学家。承接与发展了晚明的思想革新运动，在文学、文字学、哲学、佛教等诸多领域均有建树，在中国思想学术史上自成一家，成为江南文坛和晚明士林的精神楷模。他与顾养谦、李贽声气相投，正是他曾力排众议给初任蓟辽总督无故受诬的顾养谦等人主持公道，为此后抚辽诸军务留下栋梁。

明代诗人书法家汤有光，为人高洁，以布衣雄开江北文坛，顾氏慕才将其延入蓟辽幕中，成为陪伴顾氏一生的挚友。

明代少林寺住持正道，一代宗师，目击奸相严嵩、严世潘父子以贿败，嗟叹社会黑暗，灰心冠冕。顾养谦一心与正道交友，听其清论，私交尤笃。

程嘉燧，明代诗人、画家，被人称为"晚明一大家"，"一代宗主"。晚年应大学问家钱谦益之邀，居虞山耦耕堂，他们都很倾慕顾养谦。一次程氏专程前往诣之，渡江寓古寺，赋《咏古》五章，待三日夜，未遇养谦，怅然而返。后钱谦益赋诗怀念顾益卿，诗云："高云南去夜郎低，万里秋风过五溪。玉笛不吹江水绿，美人犹在月明西。"

同时代，南通还出过另一位儒将陈大科，累官右都御史兼兵部侍郎，他的父亲陈尧也入仕朝中，累官刑部侍郎。此外还有袁随，官至监察御史。尤其是文学家王世贞，他较顾氏年长，但与顾氏志趣甚投，曾著文极力推崇顾氏。他们都是明代嘉靖进士，与顾养谦至交。外地的屠隆，曾任礼部郎中，与汤显祖同是明代数一数二的戏曲家，他与顾氏、陈大科情趣相合，也常来通聚会，并有诗称两位司马："上将鹰扬天北极，大人龙卧海东湾。消磨不尽英雄气，好向安期觅九环。"

（六）顾养谦家族的延续

历史在于永恒，生命贵在延续。据曹文麟先生的《顾少轩先生家传》和顾公毅纂修的《南通顾氏宗谱》等资料，顾氏先祖为南朝梁陈间史学家、画家顾野王。该宗千百年来，始终以诗文薪火传承。其后代中的苏州一支因元末避兵乱迁来南通，始迁祖名顾昌，至养谦时已历两三百年。

至其孙辈，顾国宝是天启年进士，为官期间解通州人民之困苦，乡里之人大感其德，立祠以祀，美名远扬。据《中国道教》介绍：城隍作为地方守卫城池护国安邦爱民之神，一直受到老百姓的崇拜。原位于十字街的城隍神，南通历史上素以"正人直臣"奉之，到明末则"以郡人顾养谦大司马之孙顾国宝御史为通州城隍神"。近年发现了一件顾国宝用过的石刻印章，现存南通博物苑，这是有功于乡里的名人印章，也是中国篆刻史明代的实物见证，弥足珍贵。另外，顾国宝之弟顾国琬和国琬之子顾道含都是文苑之士，善诗论史，博览群书，书法直追钟王，在社会上很有名望。

近代著名教育家顾怡生和南通近代诗人顾庸斋是顾养谦嫡传的第十一代孙。顾怡生（1881～1955年）为清末秀才，与徐益修等并称为南通四才子，曾七辞教育局长之职，数却高等学校之聘，服务于我国第一所师范学校——南通师范达48年之久。在他七十岁生日时，郭沫若先生作诗一首，并亲自书写条幅，以志祝贺。诗云："殷殷桃李遍华东，鲁殿巍然一健翁。冰雪万方今解冻，门墙数仞足矜崇。成仁兰规腾熏馥，淑世琴书仰正宗。四十五年朝夕事，高山长水漾春风。"为了纪念他，南通人民在濠河东南畔构建了怡园和怡桥，是濠河边一个富有历史意义的秀丽园林。顾怡生先生有二子三女，皆承其学。长子民元，早年参加革命，曾任我方启东县长，与吴天石等是志同道合的好友，不幸在1941年遇难，为烈士。

三、"山楼水榭，胜甲一城"的古典园林——珠媚园

顾氏晚年在通城东北市河岸建造了一座水木清华的大好园林——珠媚园，面积达两公顷，在晚清一直很有名气。这是因为400余年前，在偏隅一角的名不见经传的南通小城，出现了一个如此宏博秀丽的园林，其雕甍画榭、林影山光，在当年通泰一带是绝无仅有的。

对顾养谦而言，珠媚园是他晚年隐休之处，他

以诗结社,以文会友,花晨月夕,招侣联吟;抑或醉酒高歌,感悟人生,敲棋为戏,曾慨然曰:"吾兵法不能尽用,聊寓之弈耳";同时,他也尽享闲适和朋欢之乐,从当年他的这首和客之作可见一二:"幽亭不扫待君开,席上诗成酒溢杯。蜃气楼台凝瀚海,仙人宫阙近蓬莱。却看霜逐青骢去,翻觉春从白雪来⋯⋯"

至其子孙,名园风雅依然。其孙顾国琬有一首《珠媚园谦集》的长五排,现录部分以见其概:"⋯⋯冰魂无虚照,秋宵有聚星。履趋求仲径,赋就子云亭。盛举清华会,高才翰墨灵。宿怀惊梦寐,今慰咏蓁苓。共定苔岑谊,兼忘尔汝形⋯⋯"到顾道含时已为清初,名士来访仍然频繁,比如与如皋的冒辟疆多有相互唱和,现举《巢民先生枉过草堂,知匿峰庐成寄呈》一例:"豆棚蔬圃竹为樊,向夕邻家鸡犬喧。岂有素风茶果具,但余元绪芥针言。信陵颇讶知毛遂,汉室虚传得绮园⋯⋯"

清初著名词人陈维崧,作客珠媚园时写了一首四十八句的七言长诗,题目是《顾尚书家御香歌》,表达了养谦后人的盛意和对先人的怀念,并可略见明清兴替,士子的喟然兴叹。后来这首诗成了他的传世名作。现录几句共赏之:"猎猎朔风翻鼍帐,营门紫马屹相向。陈生醉拗珊瑚鞭,蹀躞闲行朱雀桁。顾家望近尺五天,顾家父子真好贤⋯⋯"

从以上这些诗里,可见名士文人在该园聚会,诗酒交融的盛情。还可想见在那清秋明月之夜,他们"开琼筵以望花,飞羽觞而醉月"的乐趣。

至清代嘉庆年间,珠媚园仍然名闻遐迩,时金石书画名家、著名学者钱泳在狼山总镇和州刺史陪同下,诗酒园中,欢会竟日,书有四绝句,直流传至今。从其中"一湾春水曲通池,池上桃花红几枝。为语园丁好培植,再栽垂柳万千丝","万个竹同文太守,一拳石肖李将军。探幽莫讶淮东少,如此名园自不群"之句,尚可见当年该园的媚人韵致。钱泳去珠媚园后,在所著的《履园丛话》书中,将珠媚园列为当时全国数十座著名园林之一,与上海的豫园,苏州的拙政园、狮子林并列。

珠媚园的主人自顾氏始,虽几经换易,但都为显赫之士,因而声誉益显。顾养谦及其孙辈当年为朝廷重臣,自不用说;到明末清初此园一度易主徐起霖,他也是一个学问贤声闻于里党的名宦。

清朝乾隆年间,珠媚园渐趋荒落,适逢广州太守王景献自粤东归,将购置的珠媚园大加修葺,不但恢复了昔日胜概,而且更为改观。按有关文献和王氏当年《珠媚园记》描述,该园通过如意桥进珠媚园大门,园壁有某名家题写的"城市山林"四个大字,进内有大荷花池,池前有奉舆堂与池北正中的花对堂相直,堂前大紫薇二株,海内罕见;更筑蕉石山房、水榭葡萄架、假山、四角亭、茅亭、梅花苑、兰秘室;隔水矗起者为迥月楼、清山楼、重话楼;楼以南为苍烟醉雨馆,楼之东,并河而南,逐水而花之阁及艳海掬月两轩、梅亭、竹亭、桂亭、枕露阁等;池西一枝轩有古榆一株,拔天倚地数百年;曲流而北,依势布石山、竹篱茅舍等蜿蜒其间;并广植桃、桂、梅、竹和银杏、松、柏等杂树无数,阴森翁蔚;有修竹半亩,中垦平地为射圃,前为棕亭,与篱舍映带。于堂之东南,疏凿沟渠,以曲其流,筑假山土冈延袤数十丈,上饲牡鹿白鹤⋯⋯可见,其楼阁参差、山石峥嵘、树木苍翠之秀美,确如通州《山川志》云:"山楼水榭,胜甲一城。"珠媚园建成后,成为名士慕访、聚会和诗酒流连的场所,珠媚园也因之扬名四海并且影响深远。

王氏子孙更著贤声,最著名的为王景献之孙王广荫,为清朝南通的唯一一个榜眼,而且官至一品,累工部、兵部尚书。此时已到道光、咸丰年间,王广荫虽清贫自守,但为朝廷高官,想珠媚园当能维持原貌。直到王广荫之子——官于刑部的王来泰,其人朴讷寡交游,后来竟邸居如洗。

到清末,珠媚园已败落,时著名诗人徐澹庐仍然慕名而去,并有词《沙头雨·题珠媚园》以记:"城市山林,依稀粉壁留题处。断烟零雨,几换名园主。燕子双双,飞入谁家去。愁如许。一丝蛰语,宛把兴亡诉。"

此后又历经几代,光绪三十二年,张謇筹款4万余元购得珠媚园,改建为通州公立女子学校。

先后与珠媚园主人通信或到过珠媚园的名人,有文学家、画家程嘉燧,兵部侍郎陈大科,御史大夫陈如冈,总理河道刘东星、李颐曾、曾如春,诗人书法家汤有光,故人王叔承、沈明臣、林云程、朱当世,禅师廓哉上人,文学家屠隆,监察御史袁随,思想家李贽,文人冒辟疆,范凤翼,文学家陈维崧,金石书画名家钱泳,狼山总镇陈雨峰,州刺史冯椒园,总兵朱鸿章,诗人徐澹庐等等。

园主虽几经更换,但园名珠媚一直未变,这是珠媚园久享盛名的又一原因,乾隆时王景献修园后在谈及园名时曾云:"吾不及见顾司马,吾先人尝亲炙之仍从旧。"其实这延用旧园名,也出于后人对园名与园景之美的眷恋。我们不妨到现在的遗址去看一看,虽全已改观,但一泓秋水,红蓼青萍,却仍然在目。当年顾尚书有"至今池水总含媚,疑有珠光夜倚天"之诗句,这是对该园取名珠媚的最好诠释,也说明了珠媚园之魅力所在。

现在珠媚园旧址转归通师二附,早已非复旧观,但附小的校园也取名为珠媚园,园中的"一湾春水曲通池"还在,仍然珠光含媚,绮丽娇美。1979年学校又在校园内重建珠媚园园门及水榭葡萄。现园内文物尚保留珠媚园凉亭一座,石碑文两块,石狮两座和树木花草等。顾氏构建时园中的美人石凡百六七十枚,则辗转为张謇所得,现存南通博物苑。

笔者认为,如将珠媚园重建,恢复昔日胜景,在那些楼台亭榭中,辟有陈列馆,把明代南通第一个崇文盛世的众多名贤事迹作生动的再现,并与顾养谦墓葬、顾国宝祠堂、怡园、怡桥等相连,定可让游人从明代南通盛世和顾氏家族丈脉中体味南通文化的源远流长,中华民族的生生不息和豪侠儒雅。如再力创它为南通文化一大品牌,将使南通的历史辉煌推前300多年,成为与近代中国第一城相媲美相衔接的另一颗耀眼明珠;其作为国家园林城市将更丰满;作为国家历史文化名城内涵将更丰富;近代中国第一城也将更具历史魅力。最后以词一首献给读者:

《虞美人·感怀珠媚园》

顾公司马英名早,珠媚心头绕。挽弓朝露夜飞觞,曲水赋诗朋辈慨忧慷,

园林胜景都应在,只叹朝情改。若能重兴旧时园,堪羡通城文化早斑斓。

参考资料:

(明)《通州志》

(明)邵潜《州乘资》

(明)沈德符《万历野获编》

(明)谢贲《后鉴录》

(明)任洛等《辽东志》

(明)李辅等《全辽志》

(明)焦竑《澹园集》等

《明史》

《明实录》

《明会典》

(清)《通州志》

(清)杨廷编《五山耆旧集》

(清)汪芸巢《州乘一览》

(清)金榜纂修《海曲拾遗》

顾公毅纂修《南通顾氏宗谱》

徐昂《徐昂诗文选》

周曾锦《卧庐词话》

张建业等《李贽文集》

文泉《具有中国特色的茶花文化》

《少林寺概述》

《试传保卫台湾的英雄沈有容》

顾启、秦镜泽《南通明清进士题名录》

管劲丞《江淮集》

南通早先的机械制造厂

严金凤

南通是我国近代的纺织工业发祥地之一,随着改革开放三十年发展,机械制造工业也宛如雨后春笋,大小风机厂不下数百家,外地人誉称为"南通风机城"。近几年来船舶机械和曾红极一时的纺织机械、棉花机械、机床制造也"遍地开花"。这些机械行业重新兴起,其脉络传承当与百年前以机械制造为主的资生铁厂有着千丝万缕的联系。

据史料记载,光绪二十一年(1895 年)状元公张謇自十月至十一月在通州、海门、上海招商集股。奔走两月有通州花布巨商沈燮均、刘桂馨、陈维镛、上海广丰洋行买办潘华茂、郭勋、浙江富商樊棻等 6 人愿共同投股办厂,合称"六董"。故大生纱厂初办定为 1895 年。当时向州府所呈报告称为"通海纱丝厂",接着文件中又改称"通海大生纱丝厂",后在大生股票中又印为"大生机器纺纱厂",大概之后才简称"大生纱厂"。

张謇集股几经周折,光绪二十二年(1896 年)一月,沈燮均、刘桂馨、陈维镛三董事为"通董",负责在通州集股 20 万两购田设厂,是月收购唐家闸陶朱坝土地 68 亩(其中顾馨斋家 52 亩、陈宏德家 16 亩)作为纱厂地基,并开始疏河筑岸。八月,樊棻、陈维镛因集股艰难,辞去"厂董",直至光绪二十六年(1900 年)潘华茂、陈维镛、桂嵩庆等才纷纷投资,原商股 19.51 万两,此时增至 26.94 万两。

根据一份大生纱厂送《新闻报》的登报启事,纱厂在光绪二十四年(1898 年)正式试车,至光绪二十五年(1899 年)方投产运行,历时 4 年时间而正式投产。随着纱厂的投产,内设机修车间(也称修理科),专为本厂设备维修服务,并开始制造手轮、皮带盘等不复杂的机械零件。为此于光绪三

十一年(1905 年)由张謇筹资 30 万两白银在唐闸西侧(今西洋桥旁)创办了资生铁厂,工厂占地面积 20 亩,内设手工、翻砂、锻打、模型等车间,生产设备有钻床 11 台、化铁炉 12 座、钳床 20 台、辊床 1 台、翻砂铁箱 220 只等。雇佣工匠 200 多人,其中工人多来自江南、苏州、无锡、宁波等地。专生产为大生纱厂所需的诸如齿轮、轴件、皮带盘、手轮等机器配件,还承接大生系统纺织厂的修配服务,并制造一部分人力轧花车和内河小轮船,达到年产铸件 300 吨、钢件 200 吨的生产量。

光绪三十四年(1908 年),资生铁厂生产轧花机 1000 余台,销往淮南,淮北,崇明和本地区,获纯利规银 15000 余两,为此增添 1 台 20 英尺(6 米)龙门刨床和 1 台大型冲床等大型设备。

1912 年,资生铁厂开始生产开棉机、经纱机、浆缸和梳棉机等较复杂的成台纺织设备。1913 年资生铁厂增添了镀镍工艺,同时创镀镍传习所,招收学生 12 人,开始从有文化的青年中培养人才。1915 年资生铁厂开始生产比较精密的"亨利夫布机",又称"资生布机",至 1916 年共生产 1500 台,销给大生二厂 500 台,以扭转原来主要向"洋人"订购纺织机的历史,原拟新办几座纱厂,因未能及时开工积压布机 500 余台。1921 年另择新的生产途径,开发新产品,开始生产摇纱机和落纱机,连同积压的 400 余台布机一并销给新建的大生三厂,拓展新的销售渠道,做到人家有的我不生产,人家缺的或等要的设备抓紧投产,抢在人家前面,尽力多创利润,直至 1930 年破产倒闭。

让我们拨开历史的面纱,纵观这座具有一定规模和生产能力的机械制造厂,怎么会一下子"沉沦"倒闭? 调查分析之后,其原因真有点出人意料。通过一份张退公(张謇)资生铁厂破产前的

"眉批"可知,重在生产厂家与使用厂家纠缠不休的"三角债"绊住了手脚。现简摘如下:

大生(纱厂)、大达(轮船公司)、资生(铁厂)各方往来账,欠悬不结,殊非长策。既按合同计议酌定划抵办法(大概以产品抵银),二项自系为目前减轻账面更为后日见于了结起见,事属可行。惟大达与大生在昔为同隶实业范围,双关事宜,切同舟事多巨助,虽大达议免(所欠资生款免除)癸亥(1923年)至丙寅(1926年)四年利息,所有本年往息及此后往欠应计息,属应即概予豁免,用于大达报酬,大生相襄日相助之谊,又报轮步声称与实业往账相差规元二千三百六十七两六钱三分八厘(2367.638两)。核其原因乃以实业代还轮步股款,系抵较大生照全年算息,而轮步照数认扣,毋庸再行冲还,以省簿证上之伤史,其各方划抵外,下次之款能早一日清还。既可早一日了清纠葛。仍由大生即将前项办法,提交股东委员会及董事长,征取同意以便分别转账,告一段落,落实深厚望此答。

这"眉批"应在1926年之后,离资生铁厂的破产(1930年)仅3、4年的时间。张謇于1926年故世,这时的"权威人士只有张詧莫属。不难看出,三家对所有往来账目的挂欠相互扯皮,不得不请张退公出面"旋斡"。从张詧的从中"调停"到资生铁厂之后的破产过程中,尽管资生铁厂由于种种原因,一蹶不振而停产了,但是机械设备还在厂里,如果不是诸如平潮二区之类来"借"机械设备,加上日寇明目张胆,在大白天里率众"掠夺"而洗劫一空,资生铁厂的复苏还是有可能的。连当时的负责人宋仲刚都不得不惊叹:既无"上级命令",又无"白纸借据"就莫明其妙将所有机器全部搬走一空。这不是侵略者的强盗嘴脸是什么?

再从一份《资生铁厂失败原因略述》中也可觅其一斑,可能有八大原因。一、无健全组织(统一厂领导机制不健全)。二、成本甚重,常年负债利息可观。三、每年营业额有限,自身已不敷开支,而又兼营电气公司,吃亏甚巨。四、资生铁厂原为各公司修配便利而设,免得利权外溢,有自给自食之意,各公司(指大生、大达等)办事却未经本会创办人意图,并不尽量照顾(只取不助)。五、资生非专门制造工厂,常年出品无预算(没有以产定销计划)。六、工场内制度不全,如翻砂、打铁(锻工)俱用包工制,未能改革,影响收入很大(外包内做、以件计薪,影响了工人收入)。七、资生位于江北,无论营业淡旺,各部门老师傅常年雇用,薪给优厚,远不如江南厂家便利(江南厂家薪金提高了,江南来的师傅当然不愿在江北"打工")。八、培养通海本地技术人才,招收艺徒人数很多,开支也很可观。

这八点失败原因也是资生铁厂破产另一佐证,但非彻底湮没的依据。原资生铁厂请的职工均为苏锡常的人,后其家乡也办了工厂,定然开出的工资比南通优越丰厚。当然,资方代理人也看到这一点,火速招聘本地青年学徒,毕竟一时难解燃眉之急。再加上江南师傅大部分一走了之,技术力量薄弱,一时间"青黄不接"难以弥补。不过,尽管本地艺徒未能拯救资生铁厂,这班技术苗子却成了之后南通机械行业的中坚骨干力量,纷纷成了多家机械厂或机修车间的负责人员。资生铁厂从创办到破产直至销声匿迹,还有一个重要原因,所有能加工的机械设备不是被"借出",就是被强行拆走。从资生铁厂所留存的借条和为保护机械设备向伪县政府申请的请示报告可觅其迹。

在《资生铁厂概略》中提到抗日战争前状况:资生铁厂停歇之后,适大生纱厂扩充设备,"内择一部分借与大生使用,余存机件仍由该铁厂负责保管。……部分财产拨还实业公司。其……欠大达之款计四万三千九百九十七两一钱六分七厘(13997.167两),另行设法筹还以清账目"。

"1939年1月30日经手入骆仰止,计开:大车床1部,6尺车床、8尺车床、5尺车床、10尺车床、1丈1刨车、钻床、插床、大落地车床,英式8尺车床等,3台国产10尺车床,小剪板机、大平台、钢轨、脚踏木车床以及大号布机25部等,中号布机13部,小号布机25部和另件,半成品价值近6万(磅)。在此借调时之前由李升伯经手。经张孝若函告,还借过车床,是向资生铁厂虞伯磐先生借的。"

这笔小小明细账目摘录,虽烦琐了一点,但亦看出原资生铁厂的设备还挺齐全,设备型号也属于大型的。上百的设备未予折算,而下面列举的布机类作了折算,括弧内注的磅估猜为"英镑"。这些都是资生铁厂的"固定资本"。除此之外,1941年12月9日平潮独立自卫团团长张自健,为了修理枪支还冠冕堂皇地向资生铁厂宋仲刚先生在原借的 8 尺、10 尺车床各一部之后，又借 8 尺车面一台，落地钻床、底脚、车头等等，还有伪自卫队"褚坚"部队也曾借用。

可是日寇侵占南通之后，对资生铁厂的机械设备不仅是借的问题，而是"强占"的问题，在一份资生铁厂负责人宋仲刚"为唐闸资生铁厂机器铁件被人拆取呈请交涉保护书"中写道：

窃于本月十三日上午十时，有江北公司日籍职员迳至本厂索取，强要考工物科两部分钥匙开门，看视一过而去。十四日上午七时仍由此日员会同士兵三人，率领机工、小工二十余人至厂要钥匙开门及复看后，即说所有机器铁件一概要取（强行拿走），情势匆迫不及周转，唯有听其拆卸，有搬往江北公司二厂内者，有搬去暂堆闸旁（附近）者，曾请杨君信之向北公司询问实在情形（况）报答，系军部要用，又请杨君（杨信之）向本闸警备队询问，所答仍与江北公司相同，当即赴沪向股东面述，共同商计，金以资生机器铁件，实为完全商有，财产其原定工作目的之专备，南通实业务厂修理机件急切之需，亦为先贤张啬公辛苦经营之事业，此次忽被拆取，事前既未奉公文通知，事后亦未有收据填发，一切失其保障，合亟具文，并附清单呈请。

钧前鉴准，赐予交涉发还，以保存啬公遗业，而维商益实为公便。谨呈南通县县长薛。附被拆取机器铁件清单。南通资生铁厂代表人宋仲刚。

列举的清单共近 30 项，其中包括起重机，大号长刨床，打洋丁机，40 匹柴油引擎、剪刀车、老式米机、保险箱等等。

档案局内藏的档案中有一份某君写给伪县长薛郢生的信件称云：今据资生铁厂保管员报告，本月十四日（行文为"中华民国三十二年"，即 1943 年 1 月 25 日），有江北公司，日籍职员会同宪兵，率领小工多人入厂搬走（其实是抢）机器铁件等甚多，该厂已正式呈报县府，请求核办。查此项举动颇为奇突，如云征用说，无正式命令通知，厂中搬走之物，又无收据，究竟是何原因，务请查明见示。又闻当搬走纷乱之际，并有不肖之徒闯入，任意携

走各物，保管人少、无法阻挡……希贵部查照为荷泰县特务机关南通支部野岛支部长殿……

日寇自 1938 年 3 月 17 日进占南通后，大肆进行经济掠夺。1938 年 10 月，日军强令大生纺织公司与日本钟渊纺织株式会社"合办"，并对大生各厂实行"军管"。1943 年正是伪县政府制订《田赋征收新办法》之时，除强征田税之外，还不停地下乡扫荡，这样伪县政府还敢顾及资生铁厂的机械设备被抢走的事宜吗？

资生铁厂的负责人宋仲刚眼看厂内的设备被日寇洗劫一空，无奈之下只有向当时的伪政权县政府的县长薛郢生呈报，当然是无济于事。资生铁厂彻底破产，最后只剩下厂房和地皮，纷纷租赁给恒丰米厂，通明电气公司，恒源公糟坊。马达也租给了鼎泰油坊以及南通县警察第二分局。

请看一份出租房屋书。

资生铁厂名下座落唐闸闸北资生街四十一号，南大厅五间、书房三间、朝北平房五间、厨房一间，在上装修金双方议定，每月行租食米（折实）两担，并无座租，自租之后决不擅自翻改，倘贵厂需用屋须于两个月前通知，今惹有凭，立此租赁房屋为证。
中华民国三十四年（1945 年）十月　日
立承租房屋字人　警察第二分局　王子佩
立允租房屋字人　资生铁厂　宋仲刚
中人　杨信之
　　　程笃哉

资生铁厂的创办距今已近一个世纪，之后的资生冶厂的搬迁还继办了南通钢厂，红红火火闻名港闸。笔者记得南通纺织机械厂曾有一台 2 丈 4 大车床（8 米）为节制闸加工 6 米长螺杆作出了贡献。该车床原是从大生一厂修理科搬来的，据传就是出自资生铁厂。

以上部分材料出自《南通市志》、南通市档案局，深表感谢。

中日城市园林绿化养护浅见

曹玉星

编者按： 作者于 2009 年 6 月因公访日，初步考察了东京、京都、横滨、大阪等日本市、县的园林绿化管理与养护，并与日本友人多次进行探讨及交换了有关资料，加之作者本人在国内城市园林绿化管理方面的工作积累，遂对中日城市园林绿化养护形成了个人的见解。

一、中日两国城市园林绿化植物种植的主要特点

（一）中国城市园林绿化植物种植的主要特点

在中国城市园林绿化植物的种植中，讲究以植物姿态、色彩、气味等供游人欣赏，或赏心悦目，或绿柳拂面，或芳香扑鼻。在游览过程中人们通过视觉、触觉、嗅觉、听觉可获得对大自然的审美享受。

1. 隐蔽与拓展

《园冶》中有"园墙隐约于萝间"说，即沿着园界或建筑墙种植乔、灌木或攀缘植物，以植物的自然生态体形代替装饰砖墙、园界等呆滞的背景，不但在观赏上显得自然活泼，而且高低掩映的植物还可造成含蓄莫测的景深幻觉。

2. 分隔与联系

在不宜采用建筑手段划分空间的情况下，以自然的植物材料，如乔、灌木高低搭配进行空间分隔，甚至可以达到完全隔断视线的效果，如城市高等级公路中的植物隔离带。在多数情况下，是利用植物取得似隔非隔，使相邻景观产生互相渗透的效果，或以更为疏朗的配植略事掩映，使景观含蓄，增加景深层次。

3. 装点与衬托

在景观构图上，景观的主要观赏景面，重点配置树木花草。堆山、叠石之间以及各类水型的岸畔或水面，亭、廊、轩、榭等建筑的内外空间，常有自然植被或植物的配植美化。

4. 渲染与勾勒

植物不但起到"绿化"的作用，而且也是万紫千红的渲染手段。植物能再现大自然的景观，能同大自然一样具备四季的变化，表现季节的更替。现代城市园林绿化中较多地使用图案式、板块式、色块式密植型勾勒造型种植植物。

5. 生态与实用

植物的感染力是来自多方面的，不只是绿化、美化的作用，还有音响和气味的效果。对于游人来说，体验一个园林作品，是由几种感官综合接受的，它既有视觉、触觉、听觉，也有嗅觉、味觉。一些花卉以其干、叶、花、果作为观赏对象的同时，更作为蜜源植物，起到吸引蜂蝶的生态多样性的作用。另外，遍植的桂花、核桃、柑橘、枇杷等，收花收果，园艺实用。

（二）日本城市园林绿化植物种植的主要特点

1. 简约与粗犷

日本城市园林绿化植物配置的主要特点是：同一园内的植物品种不多，常常是以一二种植物作为主景植物，再选用另一二种植物作为点景植物，层次清楚、形式简约。韬光晦迹似是它的另一特点，当人们从高处鸟瞰园林时，可能会看到整片庭园树林中所植均为松树。而通过隐藏起踪迹类型较少的几种植物的配置却能够形成丰富多变、构图均衡的各种空间。

2. 自然与抽象

日本由于处于海洋性气候区，充足的阳光和湿润的气候使日本园林绿化的植物生长十分茂盛，使得日本园林显出独具的天然野趣，除了园林植物中经常出现的乔木、灌木、花卉和竹类，日本

园林对苔草类也表现出特别的兴趣,青苔代表陆地,白砂代表海洋,构成了典型的日本氛围。另外,植物常常具有抽象化的名称,例如,"役木"、"灯障之木"、"飞泉障之木"、"门冠"等,这种对植物造景功能的注重与中国对植物比德的注重是完全不同的,植物被抽象为一种造景符号。在重要的位置所植栽的树木并根据其造景功能命名是日本园林的一大特色。

3. 精细与恬淡

日本城市园林绿化的植物多为造型苗木,做得很精细,特色比较鲜明。虽然人工味太浓烈了点,但是对植物的裁剪精心,说明日本城市园林绿化更加注重林木尺度的抽象与造型的抽象。对城市绿化植物的复杂多样的修整技艺中,有的植物修整旨在展开树木,使其枝干间的空间层次分明。对植物的造型修剪有"七五三"韵律模式和动态平衡的构图方式。由于日本城市园林绿化受禅宗影响很深,佛家的悲悯和禅宗的顿悟思想使得日本人特别注重转瞬即逝的美,因而秋色叶植物和开花植物备受青睐。他们追求淡雅的色彩效果,有利于对植物的运用方式的再认识,运用点,线,面的构成原理形成多种不同的组合形式,产生枯荣与变化的植物和水体,以体现禅宗"向心而觉"、"梵我合一"的境界。其形态更为纯净,意境更加空灵,洗尽铅华、恬淡自然。

二、中日两国城市园林绿化养护的主要特点

(一)中国的城市园林绿化养护

绿化养护就是指绿地、植被等植物的管理与养护,在我国至今还是新型行业,由于行业的特殊性正在被社会认可。一般根据园林绿地所处位置的重要程度和养护管理水平的高低而将园林绿地的养护管理分成不同等级。由高到低分为特级养护管理、一级养护管理、二级养护管理等三个等级。园林绿地养护管理工作的内容有绿化养护技术措施、园林植物、垂直绿化、绿地整洁、园林设施和绿地状况等六个方面,概括地讲:一是养护方面,根据不同园林树木的生长需要和某些特定的要求,及时地对树木采取如施肥、浇水、中耕除草、修剪、防治病虫害等园林技术措施;二是管理方面,如围护看管、对绿地的清扫、保洁等园务管理工作。因我国各地的气候条件相差悬殊,不同的

气候条件其养护管理的措施也不一样,因此,一年中园林树木的养护管理工作阶段的划分,是要根据各地的情况,按照不同树木的生物学特性、其生长规律和当地的气候条件而进行的。具体包含园林树木、园林花坛、草坪、园林地被植物、竹类、园林绿地、古树名木等七个方面的要求和养护技术措施。

(二)日本的城市园林绿化养护

笔者 2009 年 6 月因公访日,大略考察了东京、京都、横滨、大阪、静冈、福冈等日本市、县的园林绿化管理与养护。日本是一个发达的资本主义群岛国家,绿地面积占比例非常少,城市绿地率平均仅 8.5%。但是日本作为发达国家,十分重视环境保护,城市绿化注意人与自然的和谐共处,绿化质量高。究其原因,主要是城市绿化养护管理走社会化、产业化的路线,保证了城市绿化的水平和质量。日本园林绿化工作高度产业化,城市和乡村的花、草、树木都有专门的机构、专门的人员到全世界收集良种、培育改良种苗,有专门的企业生产、销售,有成熟的管理公司维护、保养,有特定的协会组织交流、展览,为人民生活不断创造、增添亮丽色彩。日本城市绿化多为行道树和各种景点,比较少见草坪。流经城市市区的各种大大小小的河流,两岸绿草青青、垂柳依依,偶见野鸭在清澈的河水上嬉戏,在城市的上空不时可看到在蓝天与白云之间飞翔的鸽子,一派人与自然和谐相处的景色。在名古屋等中等城市,建筑物与建筑物之间通常都留有间隔,用于种水稻、瓜果、蔬菜等农作物,给在喧闹都市的人们以一种返璞归真的感觉。

1. 社会重视,资金技术足

日本的城市园林绿地主要由国立公园、县立公园、海滨绿地、滨河绿地、宗教绿地和分布在居住区间的小游园等组成。近年来,日本政府十分重视各类园林绿地的发展,各都、道、府、县政府都拟定了"绿色计划",即增加公园、草坪、树木等绿地面积,全国有各种造景协会 7 个,已制定了 5 个五年计划,从技术上、资金上下达指标,批拨款项。

另外在日本通过强制屋顶绿化来改变建筑的形式和功能等办法增加绿化率。修改的城市绿地保护法还规定,凡是占地面积超过 1000 平方米的新建筑必须把非建筑部分的 20%用于建绿地,而

且楼顶必须至少有 20% 的部分种植绿色植物，政府将为此提供补贴。它的建筑固定资产在 5 年之内能够得到免税，就是说税金变少了，相应的也就推进了建筑物的绿化实施。

2. 家庭重视，环保意识强

日本家庭早有在庭院中种植花草树木的传统。经过战后在环境保护方面的经验教训，爱护环境、创造美好家园的口号已经深入人心。但是在城市有个特殊情况，即半数以上日本家庭没有自己的房屋而居住在公寓或其他高层建筑楼里。因此一方面需要每家每户日本居民在家庭周围多种一些绿草，另一方面大面积的绿化工作需要房产主和公共部门来做。

日本人爱花几乎到了如痴如醉的地步。富人家住宅的庭院宽广，自然广植花木，宅门边往往种上一株长枝斜撑、遮蔽门楣的松树，颇似我国的"迎客松"。但不富裕的人家也要种花，有的人家虽仅有临街檐下的寸尺土地，也要种上花草。有的人家，屋外毫无种花的隙地，主人别出心裁，在阶沿突出的石条上凿出几个长形的狭小空穴，填土种上几株小巧的绿叶植物。有的人家在临街的门面外，安置高低错落的铁架，其上各种盛开着美丽花朵的盆花几乎掩盖了矮小的木屋。在商场、车站、公园、名胜古迹中，都可看到插花艺术展览。

3. 维护精细，机械化程度高

在日本，进行城市园林绿化建设及维护时，施工过程中用明显的护栏围护，设置交通安全防护锥形标或施工圆锥。同时，由穿着统一制服的交通督导员用二段式警示指挥棒指挥疏导交通。交通督导员工作认真、一丝不苟，即使阳光再强烈，也一定会站在指定的位置上指挥交通，绝没有出现交通督导员在树荫下工作的情况。即使在偏远的山区公路施工工地上，督导员也以同样的态度对待工作，令我们佩服。

在树木、绿篱、草坪养护修剪时，高大树木用高空升降车、玻璃钢或铝合金伸缩单梯施工作业，绿篱、造型树木用绿篱修剪机，草坪修剪用割灌机等。在作业区除安全防护外，修剪下的树枝、草叶都用网布围挡承接，再整理、分类、清运，还把锯下的芳香树木有意锯成树木片段送给需要的游客。这是其精细的另一面。

三、中日城市园林绿化养护管理的差异

日本园林中的回游式园林，基本上沿袭了中国的套路，但对细微处关注过多，整体则失之把握。日本学者高原荣重、小形研三在《园林建设》一书中说，日本园林对组成外部空间秩序的表现，显得很生疏。

"灰空间"是由日本著名建筑师黑川纪章提出的。"灰空间"一方面指色彩，另一方面指介乎于室内外的过渡空间，建筑物与建筑物之间通常都留有的"灰空间"，常用于种瓜果、蔬菜等农作物和花卉，让人们在都市的喧嚣之中产生一些清新自然的感受。

乡土天然草坪在日本被广泛应用，这正好和我国大量使用进口草种，并进行大面积人工种植的做法相反。在日本富士山植物园等地，全部是野草形成的天然草坪，就连公园里的园路也是用野草铺设的草坪路，踩上去软软的，非常舒服。听管理人员讲，由于采用的是乡土草种，成本低、适应性强，平时不用浇水也不用除虫，只要进行常规修剪就能呈现良好的景观。

大规格造型苗木在日本园林绿化中应用较多。在日本许多城市的街道两侧，种植着一排排高十多米、被修剪成层型或其他紧凑自然型的造型罗汉松、银杏、龙柏、柳树等。这种应用形式不仅能获得较好的景观效果，还可防台风。

高档苗木也可做绿篱。在东京等城市的大街上，用春、夏、秋三季开花的杜鹃、寿命长的紫杉等比较高档的树种制作的绿篱随处可见。

观花乔木用量大。在日本的许多庭院、街道两侧，樱花、广玉兰等观花大乔木所占比例相当大。

在东京等地的植物园，防治病虫害大量利用天敌昆虫，此外还有一些小窍门。比如在乔木树干下部包有一米高的铁皮，可防止老鼠啃伤树皮等。

节能和环保理念深入到日本绿化建设的各个环节。如广建热能温室。和我国北方一些地区一样，这几年日本也建起不少热带植物观光园。但他们更注重利用废弃热能，所以将热带植物园建在有热源的地方。东京一个热带植物园就建在垃圾燃烧站旁边，并有管道与其相连。这样，焚烧垃

极产生的热能就可供热带植物园使用。

日本的京都，给我们留下深刻的印象。古代诸侯及日本天皇留下的皇宫建筑物保存完好，参拜及瞻仰的游人络绎不绝。在皇宫周围的绿地中，许多大阪五针松、罗汉松、龙柏、石楠等大树均是经过极其认真精细手艺高超的园艺师的修剪，呈现各种不同的形状，许多类似我国的大盆景，还有的修剪成圆球形、椭圆形或扇形，即使是高大乔木，亦不让其自由生长。有不少围墙是由灌木或乔木修剪而成，造型如叠堆的山石，间插修剪成圆球形的杜鹃花，春天繁花齐放，美不胜收。

四、启示与思考

综上所述，中日城市园林绿化养护上存在一些不同。

一是认识上的差距。日本在人口密度很大的情况下，坚持建设生态花园城市，在汲取西方现代工业文明的同时，探索出一条适合自己的发展道路。在城市绿化管理上实施精细化管理，走专业化管理和社会化管理的路子。近几年来，我国城市绿化建设已被作为一项重要的基础设施建设纳入各级政府的国民经济和社会发展计划，绿化建设投入不断加大，步伐进一步加快，各地积极创建园林式城市。但城市绿化普遍存在着重建设、轻管理的现象，充分认识绿化养护的重要性，切实做好绿化养护工作已成为城市绿化工作的当务之急。只有实施良好的养护，才能取得预期的绿化效果，给人以愉悦的心情、美的享受，并让园林的生态、减灾、教育等功能得以最大限度发挥。尤其是良好的绿化养护可以提高广大市民的惜绿、护绿的意识，激发参与支持园林绿化事业的热情，巩固现有绿化成果，从而促进园林绿化建设的发展。

二是我国存在绿化养护经费不足的现象。经费不足已成为制约绿化养护工作良好发展的关键因素。由于财政比较紧张，加上一些部门对绿化养护重要性认识不足，经费严重不足，造成许多城市绿化养护技术装备十分落后，绿化养护措施不到位，绿地景观效果差。

三是我国养护技术需要创新，养护管理人员的技术业务素质有待提高。现在采取的一些养护措施，方法比较简单，技术含量低。养护管理人员由于缺乏必要的技术培训，技术业务素质普遍较低，养护工作缺乏创新，养护效率较低，效果较差。

园林绿化养护在绿化工程施工结束后显得更加重要，只有精心养护，才能保持现有的绿化成果，才能充分体现绿化的生态价值、景观价值、人文价值，才能真正成为城市的亮点，市民休闲的好去处。

如何进一步做好园林绿化养护工作，是目前摆在我们园林工作者面前的一个重要课题，值得大家进一步研究和探讨。

关于琥珀文化与科学的解读

曹克清

我国河南南阳地区流传着一个离奇的神话故事:在唐代,当地一个孕妇产后暴死。在埋葬时,恰巧当时最著名的医学大家孙思邈路过,见到从棺材缝里渗出几滴鲜血,便断定死者尚存生机,可以救活。于是他就叫死者的丈夫打开棺材,先以红花烟熏死者的鼻孔,然后用神药急救。不多时,死者苏醒。三天后,病愈如初。那味起死回生的神药是什么? 据说就是当地所产的名贵中药——琥珀。

琥珀,珠光宝气。它的美丽和魔术般的性质,无论在中国或是在外国,长期以来使人趋之若鹜。它像宝石那样晶莹剔透,色泽娇艳,却又像木头一样易燃。燃烧时还经常能散发出一种松香似的木质香气。它不像一般石头或化石那样冰冷,似乎是温和的。它的硬度不大,可以用刀切,便于在任何方向分开,容易作钻孔或抛光之类的加工。如果在毛织物或丝织物上摩擦,还会引起静电,以致吸起纸屑或其他轻质的物体。偶然见到内含栩栩如生昆虫或其他生物的,则更神奇。在西方,琥珀形成的最古老的故事也许产生于希腊神话,说它是神的眼泪的凝固体。在我国则认为它是猛虎死后的精魄入地而化成。

用现代科学观点来看,以上罗曼蒂克的传说当然不足为信,但是它究竟是什么,如何形成的,产自何方,有何用途等,却说来话长。在这里一一作出全面介绍。

一、成因

很久以前,骄阳似火,热浪笼罩着一片原始松林,烤得树皮发烫。在松枝折断或松干损伤处,不断地溢出金黄色的松脂。有股松脂恰巧粘住了一只白蚁,并将其包裹其中。松脂的芳香和其他成分渗进白蚁的组织,置换出水,并杀死细菌,使其永不腐败、完美如生。随着时光的流逝,地壳发生了变化,凸起的陆地沉溺下去,海水淹没了这片森林。这团松脂则归入成千上万团成因类似的松脂中,随之埋藏到倒伏的树干和朽枝烂叶以及泥沙的底下。历经千百万年甚至上亿年的地质变化,树木变成煤炭,泥沙化为岩层,而埋在其中的这些松脂则逐步聚合,失去化学活性,越来越坚固,终于石化成了金灿透明的化石——琥珀。再经历一次沧桑巨变后,海洋重新上升为陆地,那些多数不含生物的以及个别包含生物的琥珀终于被人发现并采集。这就是对琥珀的形成和发现过程的一个最为简略概括的说明,实际的情况要比这复杂得多。

其实,能形成琥珀的不仅是松脂,而且还有其他树脂和树胶。树脂包括松脂、水杉脂、红杉脂、贝壳杉脂等。树胶包括桃胶、樱胶、李胶、杨梅胶等。也就是说,琥珀不仅能由针叶树形成,而且也能由阔叶树形成,许多种树的黏稠的汁液都可能形成琥珀。数千万年以前,在中美洲有一类叫厚叶豆(Hymenaea)的树木,据说,它的汁液是当地形成琥珀的主要来源。可是,尽管当今有现代化的分析仪器,如红外线分光镜,研究人员还是弄不清形成琥珀的各个具体的树种。

自古以来,人们对琥珀的科学成因的认识,不是一下子就清楚的,有个漫长而曲折的过程。《汉书·西域传》称作"琥珀",《后汉书·西南夷传》称作"虎魄",《隋书·波斯传》称作"兽魄"。据章鸿钊考证,《山海经·南山经》所记之"育沛"也是琥珀。现在人们知道,尽管2000多年来用词不同,指的都是同一事物。

《后汉书·郡国志》记载:"有虎魄生地中,其上及旁不生草。深者四、五、八、九尺。大者如斛。削去皮,中成虎魄如斗。初如桃胶,凝坚成也。"这样的说法显然是相当缺乏科学性的。东汉末年杨孚指出,琥珀源出于松胶。他在《异物志》中说:"琥珀之本成松胶也。"西晋张华《博物志》说:"松脂沦入地中,千秋为琥珀。"梁陶弘景(452～536年)正确地解释了琥珀中有一蜂形如生的现象,认为这是由于"蜂为松脂所粘,因堕沦没尔"。但是,他们先进的唯物主义科学思想并未被重视和普及。

直到唐朝,《唐本草》的作者苏恭说:"松柏脂入地千年化为茯苓,又千年为琥珀,再千年为瑿,为江珠"——瑿和江珠是黑色的琥珀——这种看法才得到不少学者的支持。唐代诗人韦应物也不例外,有诗《咏琥珀》为据:"曾为老茯苓,本是寒松液。蚊蚋落其中,千年犹可觌。"(《韦江州集·卷八》)但是,其中显然存在着认识上的偏差,竟把茯苓和琥珀看成是同一事物的不同发展阶段。

同意他们看法的有两个理由:一是琥珀和茯苓燃烧时都有类似的松香味;二是从中医的医疗角度看,两者的药性和功效颇近,都是甘平、无毒,主安五脏、定魂魄、消淤血、通五淋等。

不同意他们意见的首推宋朝医士陈承(1090年在世)。他说:"两物皆自松而出,而所禀各异,茯苓出于阴者也,琥珀生于阳而成于阴。"(见《别说》)如将陈的意见意译为现代科学语言,其大意是:琥珀是石化了的树脂,而茯苓则是寄生于松树根部菌类的结聚体。这里他所指的阴阳就是地下与地上。即茯苓生于地下,而琥珀则生于地上,而在地下形成。显然,陈承的看法是正确的。他科学地纠正、补充并完善了苏恭的认识。

在韦应物的诗里还告诉我们另外一件事,那就是他已经观察到了有些琥珀中含有蚊蚋之类生物,并比较客观地知道其形成的原因。

琥珀既非植物,又非动物和矿物,但又是植物的衍生物。明代李时珍(1518～1593年)把它列入寓木类,这是很有道理的。他对琥珀的成因科学地总结道:"松脂则树之津液也,在木不朽,流脂日久变为琥珀。"

在西方,对琥珀的成因也有类似的认识过程。公元77年,罗马学者柏林尼发表了"自然历史"的论述,认为琥珀是类似松脂的分泌物形成,产自罗马帝国的北方,里面常包有小虫,琥珀便被科学地描述为生物世界的产物。他的同胞马尔乔则说得更形象、更富诗意:"琥珀封住蜂蜜,保存着它的光彩,使它好像浸泡在自己的花蜜里。"

二、产地

琥珀形成的地质时代跨度很大,古生代、中生代和新生代都可以找到,但是它主要产生在白垩纪至第三纪的沉积里。它的地理分布也相当宽广,世界上几乎任何地方都可能找得到,但是数量往往很少,有时甚至只有一粒,大宗出土主要分布在欧洲、亚洲和美洲。我国是主要的产地之一。

我国琥珀产地目前以河南南阳的两峡、内乡及辽宁抚顺最为著名,其次有云南大理的点苍山、腾越、丽江,四川的奉节、忠县,吉林的珲春,湖北的恩施、施南和黑龙江贝尔湖地区等,在新疆、陕西等省也有出产。而古代却不是如此。古代我国以云南等地出产的琥珀较为著名。汉代就已在云南西部永平等地开采。哀牢山一带产琥珀在古书中也有记载。明代在云南保山县、清代在云南丽江县等地都有开采。据张华《博物志》记载,哀牢山出产的琥珀大者重约20余斤。

河南的琥珀主要产在豫西南,分布于新生代盆地之中,以南阳地区的西峡和内乡最为有名。内乡主要产于木柴沟。西峡地处伏牛山南麓、丹江支流淅水的东岸,琥珀集中在一个4、5公里宽、100公里长的狭长地带里,以重阳乡和丁河乡为最丰富,一窝一窝地聚集成"窝子矿"。大窝可挖到几千公斤,小窝也在几十公斤以上。前不久一窝曾挖到3874公斤,多为紫红、半透明而有光泽,以提供优质药材为主,做工艺品不甚理想。在这里曾发现一块重达5.8公斤的巨大琥珀,其色紫红,透明体内保留着栩栩如生、展翅欲飞的昆虫,被当地誉为"琥珀之王"。

抚顺煤矿是全国最有名的琥珀产地,也是世界上著名的产地之一。那里的琥珀不但蕴藏量大,而且透明度好、色泽佳、含昆虫等生物的几率大。这些煤及其中的琥珀大约形成于距今5千万年前的始新世,区域地质上叫古城子组的地层。琥珀主要产于煤层之中,伴随煤精产出。采煤时,可顺便采集其中的琥珀。煤层中含琥珀较密集的地方,琥珀粒的含量可达34%。琥珀形成的环境包括河流相、沼泽相和湖泊相。据史书记载，最迟在2000多年前，我国汉代先民就已经知道采集这个煤矿中的琥珀，或收藏、或用于中药、或作为装饰之用。

黑龙江贝尔湖附近中生代陆相沉积内，于泥沙质岩层夹褐煤层中发现的琥珀，形成时代为早白垩世，是目前国内外已知形成时代较为古老的琥珀化石之一，在科学研究上甚为重要，值得加强采集、研究，并希望从中找到较多包含生物的标本。

除中国外，琥珀在世界上许多地区和国家都有发现，产量最丰富的是波罗的海地区，如俄罗斯、波兰、立陶宛、丹麦、挪威、瑞典和德国等国和加勒比地区，如多米尼加、墨西哥等国，其次有美国新泽西州、加拿大、意大利、罗马尼亚、法国、英国、印度、缅甸以及日本等地。

波罗的海的琥珀很容易在岸边找到，有时甚至被冲到海滨，成为次生矿床。它们在冰河时代沉积在这个地区的沉积层里，现在通过海水的冲击到达了地表。正因为如此，外国古代还有人认为琥珀是在海底生成的。这些琥珀大约形成于4千万年前的渐新世。当时欧洲北部和中部有大片原始森林。在大约3千万年前，那些森林没入水下，遭沉积物掩埋。森林沉入海底后，琥珀便在其中形成。最著名的产地是俄罗斯、波兰和立陶宛的波罗的海岸边的未固化海绿石沙滩和加里宁格勒附近的萨兰姆半岛。波罗的海沿岸每年能提供世界总产量80%以上的琥珀，其中找到过12万件带动植物化石的琥珀，但却已毁于第二次世界大战。

过去的年代里，在波罗的海附近开采琥珀的方法发展很快。除了在海滩拣琥珀外，从16世纪起就有了找琥珀的"渔夫"。他们坐着小船，从海面上用长矛、叉子、夹子和抄网捞取浅水底部的琥珀，后来又用潜水员和浮动挖泥机找琥珀。现在则用索斗挖土机挖，挖到的琥珀矿通过管道送到选矿站。

琥珀对波罗的海沿岸有些国家影响特别深远。例如，寻找琥珀已经成为丹麦人生活的一部分，也成为丹麦文化的一部分。丹麦人从事琥珀采集加工，至少已有200来年的历史。在丹麦日德兰半岛的渔民中，至少有90%以它为副业。而

在上了年纪不再出海的渔民中，有一部分就变成了琥珀匠。渔民们在清晨常冒着零下10度的严寒到海边。他们用锐利的目光扫视海岸，看有没有由于大风、海流或波浪冲击聚集在近岸处的朽木、残茎或泥炭的漂浮层。因为琥珀的比重与那些垃圾差不多。有时候渔民还会用海鸥帮助寻找。因为这种鸟的叫声和俯冲的方向会指示包含琥珀的垃圾的位置——垃圾中的沙蚕正是它们爱吃的东西。丹麦的琥珀店、加工场都欢迎游客参观，而且有专人主动负责对观光客人提供导游和讲解，生意也在其中成交。琥珀店往往和加工场合一，店后就是小工厂，小锯、小手钻、切割机、磨轮一应俱全，原琥珀和成品并陈，生产和销售配套并同时运作。

多米尼加不但是西半球琥珀最丰富的储藏地，而且琥珀质量也十分优良。在这里，琥珀为原生矿床。它们分布在高地的砂石之中，藏在山路崎岖、人迹罕至的地区。这里已被开采了四五十年。哥伦布第一次探索新世界的航行所停泊的地方就在这里。正是他把一串磨光的琥珀珠子，送给了年轻的卡瑞伯酋长。采掘工整日在艰苦地搜索这些明亮的、嵌在砂石中的珍宝，其大小一般从约25毫米到比拳头还大。由于其易碎性、挖掘时只能小心地使用铁锹和镐，却不能使用炸药和推土机，因而增加了劳动的强度和难度，效率也难于提高，这就不能不提高售价了。

三、品位

琥珀从煤层中采到时，常常是一团漆黑，形似煤球。如从其他岩层采到，或从海滩捡到，也常常是表面粗糙、沾污，其中什么都看不见。一般被人砍劈或室内处理后方能显露光芒四射的琥珀本色。

琥珀并非都是金黄透明的。由于分泌汁液的树种不同，其中所含杂质的种类不同，所含空气、水分不同以及形成的地质过程有别，所以颜色、透明度和质地各异。琥珀以透明为主，半透明、不透明的也常能见到。其颜色以金黄色为主，尚有深浅色调不同的血红色、褐色、黄色和近乎黑色的，偶见蓝色、白色和无色的。对此，我国古人早就有认识，曾根据琥珀的不同特点，给予许多形象的名字，如：石珀、花珀、水珀、火珀、金珀、灵珀、蜡珀、

明珀、血珀、玄珀、煤黄、红杏和江珠等。

我国古时曾对琥珀进行初步的分类，如《奇玩林》中记载："色黄而明莹润泽，其性若松香。色红而且黄者谓之明珀。有香者谓之香珀。鹅黄色者谓之蜡珀，此等价值轻。深血色者谓之血珀。"《正字通》中记载："如血色，拭热能吸芥。色黄明莹名蜡珀。色从松香红而黄名明珀。无红色如浅黄多皱文名水珀。如石重色黄者名石珀。文一路赤一路黄名花珀。淡者名金珀。黑者名玄珀。"清《一统志》中记载："松脂入地千年所化。又云，松木精液凝成，其中亦有蚊蠓等形者。以火珀及红杏为上，血珀、金珀次之，蜡珀最下，又其下供药饵也。"这些区分标准，今天显然远不能满足科学鉴定的要求，但有直观简易之利，仍然可供初步评估的参考。

无论从经济价值、文化艺术价值和科研价值而言，品位高档的琥珀首选内含各种生物的。就发现的几率而言，含生物的琥珀约不足1%，即发现100块琥珀难发现一块含生物的。琥珀在自然界本来就不多，含生物的便是少中之少了。

地球上最大的琥珀出自缅甸，重12.25公斤，保存在伦敦自然博物馆。

极少数的琥珀细看像个五彩斑斓的大观园。里面的气泡像是精心制作的。细小的裂缝是树脂硬化后形成的。尔后，新鲜的、黏稠的树脂又流过来，填充这些细小的裂缝。空气也乘机溜了进来。一些外来物质给气泡着了色。其中景色和韵味似吐似流，若有若无，时深沉时明快。这种化石仿古的列阵像是抒情诗，有的像一派生机勃勃的海底世界，有的酷似无限风光的真山真水，有的活像神秘的天文现象……。形似神更似，加上自己的想象，您想它像什么就像什么，越看越逼真。自然造化，巧夺天工，以至于斯！这类琥珀应属琥珀中的极品。

四、虫珀

我们已经知道，有些树种的汁液有很强的黏性，一旦小虫被粘住，便可能被这些汁液层层包裹。这样的黏稠汁液团块一旦入地，历经数千、数万、数百万、数千万、甚至数万万年，就成为带虫的琥珀，简称虫珀。虫珀中虫的分类归属主要是昆虫（六足虫纲），也有少量其他虫类（昆虫以外的无脊椎动物）。这种外射晶光、内含生气的宝贝，谁不为之赞叹！对于科学研究来说，地层中发现的虫类标本远不及琥珀中的完好。对于很难有机会在地层中形成化石的虫类而言，这种栩栩如生的自然珍品，几乎成为唯一直接探索古代虫类渊源的、再真实不过的金色窗口了。

虫珀在国内外都有大量报道。中国古籍中记载颇多。在明朝谢肇制所著《五杂俎》一书中写道，尹望山谈到他任云南制尹时，见到琥珀中有蜂蚁杂虫。琥珀大如西瓜，小如龙眼、荔枝，不下千余，当时无不以为奇。甚至还有记载说，某人的小儿子顽皮地砸碎琥珀取蜘蛛玩耍。

抚顺煤田始新世琥珀中的昆虫化石，以其保存完美、种类繁多、具有独特性质而驰名于世界。据统计，到目前为止，抚顺琥珀昆虫已经发现了数十种之多。此前，世界上已知的老第三纪中琥珀昆虫化石的时代，主要是渐新世，如欧洲波罗的海地区，在始新世尚未有系统发现。

抚顺昆虫群，既不同于欧洲的昆虫类型，又不同于美洲等地的类型，是抚顺本地独特的新类型，也是东亚大陆始新世独特的新种群、新昆虫区系。

抚顺昆虫群的时代位于中生代与近代之间，是古老昆虫向近代昆虫演化中重要的中间环节。因此，它具有古老类型昆虫的某些性状，又呈现了近代昆虫的基本面貌，可以帮助我们探索和对比演化来源和发展的关系。

抚顺昆虫群中的蚊类、蝇类、蚤蝇类和虻类，绝大多数的属是近代生存的属，也有个别是近代生存的种。这些属和种当今生息于亚热带，也有少量种类生息于热带或温带。从种群总的特征反映出它们多是亚热带的产物。由于昆虫对气候分带和特定的生境关系的敏感性，因而它们对于复原古气候、古环境有着实际意义。

中国地质博物馆是国内琥珀昆虫标本收藏最多的单位。它还收藏着琥珀蜘蛛、拟蝎和植物等标本。据估计，该馆总共已有的200多件各类琥珀化石，绝大多数来源于抚顺。

在国外，虫珀也有许多稀世的标本，并有学者作了深入的研究。他们不但研究外形、分类、区系等传统内容，还研究内部软体以及保存完好的组织中的许多遗传秘密。这里介绍一些精彩的实例，提供欣赏、参考或借鉴。

微小的虫在琥珀中甚为少见，但在美国阿肯色州南部却发现了仅比大头针头大一点的蜘蛛。

在完美的电子显微镜下，一块产自波罗的海的琥珀中的苍蝇保存了全部组织，包括软组织。肌肉十分完好。细胞构造一清二楚。另一块琥珀中的多米尼加无刺蜜蜂头内的脑、用于吮吸的长肌、小舌、舌上的鳞片、胸部折叠的气囊、摄食的花粉清晰可见。无刺蜜蜂的飞行肌被放大，暴露出带状肌肉纤维。每条纤维宽约 1 微米。其间布满了折叠的线粒体膜。

有些虫珀堪称绝妙的行为学的集锦：一只蜗牛的头伸出壳外；一只蜘蛛和它身上寄生的黄蜂蛹以及它所捕获的苍蝇；蜘蛛网绊住了瘿蚊；三只蚂蚁进攻螳螂的幼虫——这是蚂蚁合作捕食或合作防御的证据；两只正在交配的瘿蚊还结合在一起，爱和死并陈；一只蛾在死亡时产下了卵，从而证明在许多昆虫中观察到的反射行为确实存在；依附在摇蚊腹部的螨——这些摇蚊在幼虫阶段生活于水中或非常潮湿的泥土里，把螨带上了身；蠓在吸血后腹部膨胀起来，有人认为也许血是从同一时代的恐龙那里摄取而来。

在一个独特的共生实例中，某种蚁后颌部带着一只介壳虫。有些蚂蚁照管着一群介壳虫，从它们身上获得一种叫做蜜露的分泌液。在交配季节里，蚁后在离开旧群体之时，往往带着介壳虫一道进行迁徙，从而形成新的蚁窝。

最著名的是一颗琥珀昆虫化石精品，它仅有 2.8 厘米长，其中却含有 62 只昆虫，分属 6 目 14 科，堪称"琥珀昆虫园"。在它们当中有几只瘿蚊、蚂蚁、长大的和幼虫状的甲壳虫以及寄生蜂——其中有一只刚产下了卵。白蚁的翅膀和触角漂浮在画面上。3 只白蚁的身体部分正从有绒毛的霉菌上伸出来。有些昆虫最初大概只是被部分黏住。暴露在外的部分腐烂了，长了霉，然后被另一层黏稠的树汁盖住。

人们透过琥珀看到的远古世界的吉光片羽，部分反映在乔纳森·斯威夫特的生动的诗歌里："博物学家看到，一只跳蚤/把一只小跳蚤吃掉；/它们又被更小的虫咬；/就这样，冤冤相报。"

科学家们还运用分子生物学技术分离出白蚁的 DNA 基因切片。根据这种已灭绝的 DNA，昆虫学家得以重新确立由白蚁、蟑螂和螳螂等组成的网翅族昆虫的进化树。

1993 年，美国加州工业大学的坎农教授和他的同事分析了从黎巴嫩出土的虫珀中象鼻虫的 DNA 顺序后认为，这些 DNA 是目前所知最古老的昆虫的 DNA，距今约 1.25 亿年。运用现代技术，科学家们正试图让一些古生物复活。例如，如果将虫珀中古老的小虫组织中获得的遗传因子 DNA，放到活的细菌中去复制出同样的 DNA，然后拼接到现在同类小虫的 DNA 中去，那么，就有可能培育出具有古老小虫特性的小虫来。

坎农教授还说："我们正试图重建出生活在 4 千万年前无刺蜜蜂脑子里的一种细菌的基因，并将这些基因植入活的物种中去，直到让它们完全取代现代的 DNA 为止。"微生物化学家们普遍认为，这是能够实现的。到时候我们会看到侏罗纪微生物的真面目。

五、包裹其他动植物化石的琥珀

虫珀在自然界中不多，包裹其他动植物化石的琥珀则更稀少，因而是珍贵中的更珍贵之物。以下是地球上发现的几宗最著名的实例。

美国新泽西州白垩纪沉积中的一枚琥珀中包裹了两株蘑菇化石。这是迄今发现的最古老的蘑菇化石。

同地点、同时代另一枚琥珀中包裹了一簇栎树的花。据说它代表开花植物出现在琥珀中的最古老的花朵，也是白垩纪琥珀中唯一的花朵，属于最原始的栎木。需借此说明的是本文作者对此项鉴定存疑，认为即使是最原始的栎木，大概也不会出现得如此之早。

同地点、同时代还有一枚琥珀中令人惊异地发现小鸟的羽毛。这是迄今北美最古老鸟类的记录，也是唯一在鉴定上、时代上无争议的记录。

在多米尼加一枚 5.8 厘米的琥珀中，发现了离趾青蛙。悬于这只青蛙头上的是另一只青蛙的腐烂尸体，四周围绕着苍蝇的幼虫。

在同地点还发现另一枚 4.3 厘米的琥珀，其中保存着球趾壁虎。壁虎的背部已断裂，也许是因为当年它想摆脱黏稠树液而逃遁。相邻的树叶已被嚼碎，也许是蜜蜂所为。

一块蜂蜜色的多米尼加琥珀里有叶子化石碎片。光线在一侧照射时，由于叶子被它里面的裂隙遮蔽,琥珀便发出绿色的荧光。光线从后面射出来,琥珀便发出像太阳一般的金光。可以看出叶子是从热带硬木树上掉下来的,说不定就是滴下树脂的那棵树。

美国加州大学的伯克利分校昆虫学教授乔治·普伊纳与他的妻子在合著的《探索琥珀中的生命》(The Quest for Life Amber)一书中,叙述了他俩对多米尼加某琥珀里面的中生代细菌DNA的研究。他们培养了其中的细菌,据说打开此琥珀前这些细菌正处于休眠状态。

六、用途

琥珀的用途很大、很广泛,至少有五方面的价值:文化价值、工艺价值、科学价值、药用价值和工业价值。似乎前两者是相关的,难于截然分开,但又是两个大的方面的内容,还是分开叙述为好。

(一)文化价值

我国古代传说琥珀是老虎死后的精魄入地变成,大概出于老虎是厉害的猛兽吧?所以民间多用琥珀做成坠儿挂在孩子们的胸前,以此辟邪、驱魔、消灾。据说大人佩带也有"安五脏、定魂魄、去鬼邪"之功效。

民间还视琥珀为吉祥之物,认为新娘子戴在脖子上不仅漂亮,而且可以永葆青春,夫妻和睦,幸福美满,白头偕老。近日抚顺男女青年结婚时,有时还亲自制作满意的琥珀项链佩带,作为新婚美满、幸福一生的象征。

在欧洲史前时代,人类就迷恋上了琥珀,认为它有特殊的力量。考古学家已发现了3.5万年前先民的琥珀护身符。对欧洲石器时代古墓的发掘表明,许多部落都普遍对琥珀存在某种敬畏和虔诚,认为戴上一小块琥珀做成的护身符,就可以辟邪。在罗马的圆形斗技场上,迷信的斗士们在搏斗时都在衣服上饰以琥珀,以防战死。纺纱人甚至把琥珀饰在纱锭上,因为他们相信这样魔鬼才不会在线上施展魔法。

古时欧洲贸易的航船常常带着大量这种不常见的贵重物品做生意。那时人们把它看得和金子一样贵重,广泛用于与铁、铜、青铜的物物交换。一块小琥珀的雕像,其价值比奴隶市场上的一个奴隶的价值还要贵重。在中世纪,欧洲建立了琥珀手艺人的行会。在此期间,波罗的海的琥珀广泛用来制造有文化艺术价值或用作宗教祈祷的念珠、耶稣受难像或其他器物。

由于人们对琥珀的珍爱,德国和罗马尼亚还定琥珀为国石。

国际上著名的价值连城的稀世珍宝琥珀厅——一座用琥珀建造、装潢并陈设的房子的传奇和神秘也许是本篇非介绍不可的重要内容。它是人类历史上价值最高的琥珀制品,其制作、赠与、失去和重建的史实是全球传诵的大珍闻。

琥珀厅四周的墙壁覆盖着精美的琥珀砖,厅内物体全部用琥珀装饰和琢制,它是俄国圣彼得堡皇村叶卡捷琳娜宫中的一个独一无二的厅堂,曾被誉为世界第八大奇迹。它是普鲁士国王弗里德里希一世于18世纪初令德意志和波兰的能工巧匠在今日波兰的格但斯克城建造的。琥珀厅里镶满了用琥珀拼成的一幅幅壁画。工匠们整整工作了20年,耗资估计约10万金卢布。用琥珀镶嵌的墙壁约32平方米,共有22幅大的镶嵌画和107幅带有镜子和木雕饰物的镶嵌画。厅中绘着普鲁士的单头鹰和用弗里德里希名字的第一个字组成的花纹。室内还有优质进口大理石镶嵌的图案,它象征着人的五种感知:味觉、视觉、听觉、嗅觉和触觉。后来弗里德里希的儿子想与俄罗斯结盟,就在1716年庆祝俄罗斯在波尔塔瓦战胜瑞典人时,以庆贺生日为名,把琥珀厅送给了彼得大帝。

1941年第二次世界大战中,琥珀厅被德国法西斯盗走并被运往普鲁士首都柯尼斯堡。1944年春之前,它一直存放在国王的城堡里,准备运往德国。此后,这批文物就失踪了。

40年代以来一直到目前,前苏联人和今天的俄国人以及其他觅宝者寻找琥珀厅下落的努力从未停止,但收效甚微。特别是苏联和东欧剧变后,包括叶利钦在内的有关国家政要、警方和专家不懈搜寻,还是无果,这就说明这一世界级的宝贝很可能已经毁于当年战火,复得无望了。

(二)工艺价值

"琉璃锺,琥珀浓,小槽酒滴珍珠红";晚唐诗人李贺的华丽诗句充分表明中国人很早就有着对美丽的琥珀的钟爱。琥珀和钻石类似,都是世界上名贵的非金属珍品和制作饰品的上好材料。

现代,人们普遍拥有的琥珀制品,诸如项链、戒指、手镯、胸坠、耳环、别针、领花、烟斗杆、烟嘴、放大镜、佛珠、神雕、各种人物、动物小摆设以及婴儿咬着玩的链子等。这些首饰、用物或工艺品，色泽娇艳、造型精巧、玲珑剔透，常使人爱不释手。它们不是一般的产品，而是天然造化与艺术的巧妙糅合，其中有些堪称天人合一的杰作。

一串发光的琥珀项链，在美国珠宝店里至少可以卖到150美元。一串从多米尼加共和国来的含植物化石的项链，价值则更高。而我国抚顺和世界其他地方的虫珀等珍品、极品若做成工艺品，就难于用货币来衡量其价值了。

在人际交往中，琥珀饰品是馈赠亲朋好友的高贵礼品，赠受双方都会因此而感到身价的提升。

在70到80年代，琥珀饰物似乎被金银珠宝首饰所淹没。但90年代后，琥珀饰物又开始流行。上了年纪的人喜欢打磨过的琥珀，而年轻人则喜欢用未经加工的原琥珀。

（三）科学价值

琥珀的内在价值比表面所看到的更为珍贵。琥珀中的生物化石，不仅外形纤毫毕现，内部软组织精致完好，而且还带有丰富的远古生命的信息（DNA）和环境的信息。

从琥珀的重量、颜色、大小以及偶然内含的生物种类和姿态，人们可以了解到远古森林、动植物和其他方面的生动逼真的情形。琥珀好像一盘录像带，真实地记述了当时有关气候、地理、生态以及生物本身的生动画面和详细情节，为人们研究生物的分类和进化，再现当时的环境、划分地层、配合找矿提供了极为难得的证据。

当今世界科技先进的国家的一些实验室和科学家都在发现、提取、复制古生物中的遗传因子（DNA），希望有朝一日能使古生物复活。虽然直到目前还没有哪个实验室或个人已达到这个目的的，但我们相信总有一天能够办得到。而首先办到时，也许不是借助一般的化石，如恐龙、三叶虫、腕足类等，而是特殊的化石，如琥珀中的生物化石或坚冰封冻、皮肉犹存的猛犸象等，因为遗传因子的保存以特殊化石中最为完好。

（四）药用价值

琥珀的化学成分是$C_{10}H_{16}O_9$，无论中国或外国，都认为它能入药治病。

在我国，将琥珀用作中药的历史源远流长，至

少汉初就有了详细记载。到明代，举世闻名的药物大师李时珍在他的中药巨著《本草纲目》中作了更系统的整理。书中说："琥珀，气味甘平，无毒，能消淤血，通五淋，壮心，明目磨翳，止心痛癫痫……"从中医中药的医疗实践来看，琥珀确实具有镇静安神、利尿通淋、活血祛瘀的功能，能治疗失眠多梦、惊风癫痫、心神不宁、小便涩痛、血滞气阻、月经不通、疮疡肿痛等多种病症。外用可用作为疮疡生肌、收敛之药。如今，随着科技的进步和加工工艺的提高，琥珀在医学上的应用已经有了相当大的发展，用琥珀配制的中成药已经达到30多种，如：牛黄消热散，有清热、镇惊之功效；太和妙灵丹，主治小儿肺胃痰热、感冒引起的头痛发烧、气喘和四肢抽搐；安神赞育丸，能补气、养血、调经；珠黄散，能清热导滞、镇静安神；珠珀安神丹，能养心血、安心神。此外，还有一厘金、抗衰老延年丸等，限于主题，这里就难于一一详加细述了。

公元前400年，欧洲人已用琥珀来治胃痛。他们还将琥珀油涂抹于颈部和胸部，用以治疗咳嗽和哮喘；用蜂蜜和玫瑰油与琥珀末调在一起，用以治疗耳的传染病和视力欠佳。据说，将琥珀串联起来绕在脖子上，能预防扁桃腺炎、发烧等。到了19世纪，欧洲的医生们普遍使用琥珀油来治外伤。时至今日，丹麦斯卡恩的码头工人和渔民仍佩带琥珀坠，以防痛风。

根据最新的医学研究，琥珀中的琥珀酸确实有消痛的功效，其中以白琥珀的治疗最好，因为它的琥珀酸的含量最高。

在琥珀的药用价值方面，中西合璧的医药理论和实践的研究必将持续下去，取得越来越多的成果，为人类的健康服务。

（五）工业价值

在工业方面，琥珀可以被用来提取琥珀酸（丁二酸），制造黑色假漆和保护涂料的添加剂，制作芬芳的香料和用作电气仪表的绝缘材料。

18世纪时，琥珀被用于制造清漆。19世纪后半叶，又被用于生产油漆。琥珀油漆由于其硬度、光泽度和持久性良好，曾被认为特别适合于做轮船和地面的涂料。

随着科学技术和工业的发展以及人类生活质量的不断提高，琥珀的用途将越来越广泛，用量也

越来越大。由于它属非再生资源,用一点少一点,所以十分宝贵。如果将其用途按重要性排列,首先应满足科学研究的需要,其次是满足人们对美的需求,然后是入药,最后才轮到工业。只有质次的琥珀才用于工业。随着科学技术的发展,人工合成的涂料种类繁多,琳琅满目,完全不必用宝贵的琥珀作涂料工业的原料了。

七、科学家被欺骗了 140 多年

不久前,古昆虫学家安德鲁·罗斯在显微镜下观察美国自然历史博物馆收藏的琥珀内的茅坑蝇时,他突然观察到琥珀块有条裂缝。他赶快将其从灯光处移开,防止其中所含的昆虫受热损伤和重要的解剖学细节遭到破坏。罗斯将这个琥珀块反复转来转去,精心检查裂缝大小,结果发现一道极浅、但足够明显的痕迹,贯通整个琥珀块,并且蝇体似位于一个半圆形凹坑处。此痕迹和凹陷在琥珀块两边都可以清楚地看到。这意味着什么便不言而喻了。

原来,仿制品所用的材料倒确实是一块在波罗的海地区形成的真正古老的琥珀。它被小心地一剖为二,在其中一块的内表面上挖了个小坑,将近代完整无损的茅坑蝇置入。当时凹陷未被蝇体完全填满,便用与此琥珀相像的树脂充盈。最后,两半琥珀再密切胶合还原成一体。不留意看时,可谓天衣无缝。于是,严密地保存于年代久远琥珀内的一件绝妙人造化石标本便告竣工。

迄今无人知道此赝品之真正来源。但在1850年发表在德国蝇类专家 H. F. 罗依的收藏品清单中第一次榜上有名。这样算来,至少它已出现了140多年而未被识破。1922年,美国自然历史博物馆收购了罗依藏品中的300件琥珀标本,茅坑蝇标本亦在其列。从此,此蝇标本就以"蝇科最古老代表"和"该馆最伟大的昆虫学财富"而享有盛誉。加之,1946年世界知名昆虫学权威威利·亨尼格做过详细研究。由于它保存完好,标本本身允许被明确地作出鉴定,于是便被他认为此蝇经历约4千万年沧桑而始终保持未变,故其在蝇科中的科学美名更加牢固地树立起来。

作为献给它的一首具有决定性意义的颂辞,1992年出版的经典著作"化石《圣经》"——《古生物学论著(R部分,节肢动物门4,六足超纲)》一书将其刊出,茅坑蝇更被奉若神明。该书中这样写道:"波罗的海地区琥珀内的很多物种与现存物种竟惊人地相像,其中之一,根据亨尼格非常细微的研究,与现存茅坑蝇似是完全相同的。"

过去之所以缺乏公开质疑,看来是由于罗依,特别是亨尼格的名声较大,以致无人质疑。现在蝇类学家们确实都松了口气,因为回过头来看,如果该蝇真的生存于几千万年之前,那么,其进化的路线根本无法解释。只有恢复其本来面目,才能对其作出正确的科学解释。

究竟谁是标本的伪造者,则还是一个谜。但分析其动机,无疑是为了骗钱。至于为什么刚好将这样一只蝇包埋进琥珀,则可能纯属偶然。伪造者不见得有意识地选中该种蝇类来迷惑昆虫学家,而可能当时只是随手抓了最靠近身边的一只昆虫来充数。

古今中外的赝品比比皆是,在古生物学研究史中原形毕露的也已不仅此一例。茅坑蝇假古董再次告诫研究人员,务必提高警惕,谨防受骗上当。

八、真伪辨

琥珀如此稀罕珍贵,就使得古今中外那些一心造假,大赚其昧心钱的不法之徒有机可乘、有利可图。

中国古代有关制造假琥珀的最早记载也许是在《神农本草经》里:"取鸡卵,殷黄白浑杂者,熟煮及尚软,随意刻作物。若以酒渍数宿,既坚内着柎中,佳者乱真矣。"明代仿制则反映在《天工开物》中:"加殷红汁料煮入牛羊明角"即成。

应运而生的是古时也有鉴别真伪方法的建议。晋朝陶弘景就建议用手心擦热能拾芥者为真的方法;宋朝雷敩则用布擦琥珀拾芥。他们将摩擦琥珀产生静电的原理应用于鉴定实践,为我国古代科学的发展作出了贡献。

其实摩擦鉴定的方法未必很可靠,因为摩擦生电拾芥是许多物体的普遍现象。然而,古人在彼时能实践到这一步已经很不简单、很不容易了。

当今要鉴定琥珀真伪十分容易,可以借助于科学技术,用实验手段。可是,对于一般人来说,要作个大致认识、识别、鉴定也并不困难。

(下转第91页)

古青墩人如何利用麋鹿资源

张美英

1973 年 8 月,位于江苏海安县西北部的沙岗乡青墩村为建立居民点,开挖一条纵贯全村的青墩新河时,发现了大量的陶、石、骨器及动物角、骨化石等古代遗物①。通过对出土历史文物、自然遗存及墓葬的研究及 ¹⁴C 测定,这里是一处有着 5000 余年历史的新石器时代的文化遗址,也是江苏省南通地区首次发现和发掘的一处新石器时代的文化遗址。

经过对遗址剖面地层中不同时期的孢粉组合样品所进行的鉴定分析,5000 多年前青墩地区地形比较平缓,水网纵横,池沼草荡众多,气候温暖而潮湿。这种气候为沼泽性动物——麋鹿提供了良好的生存环境,也为古青墩人利用这一动物资源提供了条件。

经过对出土动物遗骸的整理、鉴定,在出土的 20 多种动物骨、角化石中,数量最多的是麋鹿骨骼化石,这些骨骼多不完整(只有跟骨、距骨、指骨、趾骨较为完整)且有加工痕迹,有的已被加工成工具;还有的骨骼上有刻划纹或锥点纹等等。很显然,这些情况从不同方面说明麋鹿骨骼被利用得比较充分。那么,生活于 5000 余年以前的青墩人是如何利用麋鹿这一野生动物资源的呢?

一、食用

青墩遗址出土的麋鹿化石主要有:角枝、头骨、四肢骨等共约 1200 件。大量麋鹿骨骼化石出土,一方面说明了当时麋鹿种群数量大。另一方面说明当时的气候适于湿地动物麋鹿的生存。

从出土的大量麋鹿化石状态看,绝大多数属非正常死亡。最多见的是角枝、四肢骨(胫骨、股骨)及附蹠化石,四肢骨多从中间被敲成两段,几乎无一根是完整的;头骨化石往往只剩残块。我苑收藏的三件比较完整的头骨化石的背部,还有大孔。这些状况可以判断麋鹿是当时人们主要的捕食对象。古文献《礼记·内则》中有关于食用"麋肤(带皮麋肉)、麋腥(生肉)、麋脯(肉干)"的记载,5000 多年前的古青墩人怎样食用猎获的麋鹿?已无据可查,但麋鹿肉作为古青墩人重要的食物来源之一是可以确认的。

根据进一步的研究,发现古青墩人不仅食麋鹿肉,还取食其脑髓、骨髓。如麋鹿头骨化石上的大孔、断裂的胫骨或股骨显然都是取食脑髓、骨髓的结果。现代动物学研究表明麋鹿浑身是宝,药用价值也很高,食用麋鹿对于增强古青墩人的体质,无疑起到不可忽视的作用。

另外,在我国古文献《礼记·醢人》中还讲到过,古人祭祀时,要用麋鹿肉酱。古青墩人为了祭祀猎杀麋鹿,也是合乎情理的。由此可见麋鹿在古青墩人的生活当时占有十分重要的地位。

二、加工成工具

打制工具,是古青墩人猎捕麋鹿的第二个目的。出土的麋鹿角枝、骨骼化石多不完整。在这些骨、角化石断口处,还常有一圈被磨得十分光滑的圆圈痕及火烤的痕迹。这些加工痕迹显然与利用骨、角加工成工具有关。根据痕迹可判断,古人制造工具采用的是切削、锯割和琢磨的方法。现将出土的麋鹿骨、角质工具举几例如下:

骨铲(图 1)。系肩胛骨制成,肩胛骨棘处被削平,骨臼处还可安装手柄(此器与浙江余姚河姆渡所出的骨耜形制大体相似)。农具。

骨叉(骨耒)(图 2)。系麋鹿角尖部的分叉处制成。狩猎用。

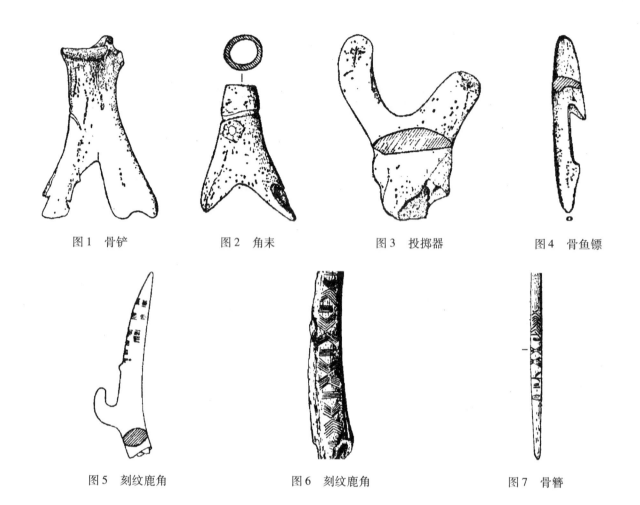

图1 骨铲　　　　图2 角末　　　　图3 投掷器　　　　图4 骨鱼镖

图5 刻纹鹿角　　　　　　图6 刻纹鹿角　　　　　　图7 骨簪

投掷器(图3)。角枝分叉部制成,其一面磨制较为平整,三个端部均有刃口。此器在狩猎时可作为武器使用。

角纺轮。鹿角节部割下,两面磨平,略呈算珠状,正中钻一小孔,插上一根中心线,成为一种捻线用具。

据史料记载,南通地区缺少山地,古青墩地区也不例外,在此生存的人要想获得石头作为材料打造工具比较困难。研究该遗址中出土的家猪、狗的粪便化石时,发现其中有似稻、麦壳类物质。由此推断古青墩人已能获得大米和麦子等粮食作物,虽然是少量,但这些物质的发现,却是原始农业开始形成的最好证据。有了农业生产,就必须使用工具。石材物质少,取材于资源丰富的动物骨骼也就成为必然。其他的骨质工具还有骨簇、骨凿、骨锥、骨鱼镖(图4)等。

另外,麋鹿骨骼及其他动物骨骼还被加工成装饰品,如骨笄、骨簪(图7)、骨环、骨扳指等。

三、作为一种文化的载体

麋鹿骨骼也是古青墩人的一种文化载体。在出土的麋鹿骨角化石当中,发现少数化石及两件骨簪表面,刻有锥点纹及用不同线段组成的图案。这些锥点或线段刻划纹,可能是古青墩人用来指事或记数的符号,或者是他们的原始文字(图5、6)。

已故南通博物苑苑长徐冬昌老先生,对该苑收藏的麋鹿角上的刻划纹曾作过较为深入的研究,他认为麋角上刻划纹,一是古青墩人用于占筮的"卦画",是原始的《易经》(这个观点已被1988年8月由文化艺术出版社出版的《易经入门》这本书接受。在其"出版说明"中提到:"《易》是我国一部古老的哲学著作,它以卦爻来占休咎,而谈休咎所据的理论又有很深奥的哲理。这种占卜方式的起源现在尚不清楚,最早者见于江苏海安县青墩遗址中的骨角柶和鹿角枝上。");二是先民们

"仰以观于天文,俯以察于地理"的记录,是他们观察大自然、认识大自然的结果。总之,刻划纹在某种程度上反映了古青墩人的观念形态和精神文化,而这些精神文化的载体就是麋鹿的骨角。

骨簪(图7)表面的许多刻划线,可能是某种记事意义的符号,也可能是古青墩人在生活用品上进行装饰的精美图案。

本文从以上几个方面介绍了古青墩人利用麋鹿的情况,一方面说明古青墩人对动物的了解已达到相当高的水平,对动物的利用也达到相当的程度。另一方面,也显示了麋鹿以及其他野生动物,对于古人类的生存,对于人类社会精神文化的产生、发展所发挥的作用。这对于我们今天加深认识人与自然、人与动物间相互依存的关系,增强保护野生动物的意识,都具有深刻的意义。

注　释:

①青墩村现东距黄海老坝港约55公里,其西、北分别与扬州地区泰州和盐城地区的东台县相邻。

参考资料:

南京博物院《江苏海安青墩遗址》,《考古学报》1983年第2期

徐冬昌《青墩出土麋鹿角上刻划纹之文化涵义探析》,《东南文化》1990年第5期

(上接第88页)

鉴别琥珀的真伪,一般可借助普通石头来对照:一手拿琥珀,一手拿同样大小的石块,拈一拈分量,琥珀要比石块轻得多;轻磕牙齿,琥珀的声音柔和,石块的声音尖高;如果是原材料,而不是工艺品,允许稍许作实验性的破坏,则用刀甚至指甲去刮,琥珀可以刮下少许,而石头不能;放在浓盐水里,石头立即沉到水底,琥珀会浮在水面上。

今天,人工仿制也不全是坏事,问题在于实话实说,不要以假充真。近年来,科学工作者把某些植物的艳丽花朵、种子、果实以及蝴蝶、昆虫、甲虫等动物包埋在透明的甲基丙烯酸甲酯的聚合物中,制造出美丽的人造琥珀,在科研、教学及展览上都具有极佳的实用价值。此外,人造琥珀替代天然琥珀做成的饰品,往往也有乱真的效果,也能满足人们的不同需求。

尼泊尔游记

黄振平

2009年4月13～16日、10月10～16日,为办第四届中国节,我两次去往尼泊尔,不仅到了加德满都,还先后去山区和蓝毗尼参观。那里悠久的文化、庄严的宗教氛围、闲适的生活等都带给我新的感受,印象很深。以下便是我的一组记行。

一、加德满都的皇宫大道

加德满都坐落在山谷里,谷地名称就是"加德满都谷地"。此处的周围都是山,属喜马拉雅山脉,从东、南、西、北四个方向远远望去,云彩下都是高高低低、错落有致的山峦。

谷地里新老王宫很多,纳拉扬希蒂新王宫(Narayanhiti)就坐落在我们住的安娜普拉酒店的左边,即北面,前面就是著名的皇宫大道。

我们每天去第四届中国节的举办场所尼泊尔学院时,都要经过这条南北走向的皇宫大道。到斜对面的牦牛与雪人饭店,到皇宫或去购物,也都要在这条大道走过。

说实话,作为世界上10个最不发达的国家之一,尼泊尔的交通和路况并不尽如人意。皇宫大道据说还算是最宽的,大概有10米多宽,中间有铁栏和花盆组成的隔离带。全长有近800米长,一头连接的是皇宫广场,另一头是三岔路口,路口耸立着翻修与扩建这个王宫的沙阿王朝第九位国王马亨德的全身雕像。

路两边,大多是商店,有专卖阿迪达斯的,有经营印度饰品和房间装饰品的,也有餐馆、咖吧,不过咖吧每天晚上10点钟就打烊了。

我第一次来尼泊尔时在安娜普拉酒店吃过一顿午餐,第二次就住在这里。这家接待印度客人比较多的四星级酒店,就坐落在人来车往的皇宫大道一侧。它配有赌场,临街还有24小时营业的超市。尼泊尔人告诉我们,加德满都目前还没有24小时营业的餐饮娱乐场所。

出酒店左拐朝北,走上9～10分钟,就是气派、豪华的新皇宫。皇宫前的广场是个交通枢纽,"T"字形路口,交通岗上的警察在维持秩序,不少人在排队等候参观新皇宫,即今天的国家博物馆。2009年4月16日和10月15日我也曾两次进去参观。

2001年6月1日的夜晚,就是在这座新皇宫里发生了血案。此后国王快速更替,先后有3位国王当朝。然而,时隔不久,古老的皇室制度终于土崩瓦解。皇宫内原属特里布文厅的一块废墟,墙体上弹痕尚存,依稀可见21世纪初发生在这里的血腥场面,让人不忍再看,更不愿多想。

早晨,天刚亮,路上一片寂静,行人稀少。早早地起床,一个人徜徉在街区,感受加德满都旱季刚开始时的清风和细雨。一天的忙碌即将开始,一天的热闹也会从这条大道肇始。

中午,春城加德满都会比较热,穿着短袖正适宜。人们匆匆走过皇宫大道,穿行在眼花缭乱的车流、人流之中。不过,过马路特别要小心,车子太多了,而那些摩托车手更是骑得飞快。

夜晚,随意在街头转转,夜色渐深,而人流也在退去。

回国20多天了,不经意间还会想起生活过一段时间的山国春城,忆起那条多少次来来回回走过的知名大道。

二、悠闲的国民与超快的摩托

去了两次尼泊尔,被其国民难得的悠闲所感染,感觉这是另一种生活态度和活法:不疾不徐、沉稳淡定。或许是因为信印度教和佛教者众多,又或生活水平使然。早上人们上班迟迟的，约会也常常时间到了人却没到。街区中、庭院里，人们悠哉悠哉的，很是闲适。在尼泊尔这个国家，加德满都这座城市里，生活节奏十分舒缓。然而却有一个例外，就是摩托车速度超快。

第二次去时，我们住在已经改作国家博物馆的新皇宫附近，门前就是皇宫大道。中间是铁栏杆和花坛组成的隔离带，大道两旁是商店、酒店、咖啡店，人行道、机动车道上，摩托车、建筑材料都杂乱地停、放着。马路上不分快慢车道，汽车、摩托车挤在4、5米宽的一条道上。小小的出租车、窄窄的货车争相往前开，而摩托车在箭一般地穿行。不管是要过马路，还是在路边行走，都得小心翼翼，放慢脚步，左顾右盼，唯恐遇上不测。我走路比较快，脚步密，好在身边的同事时时提醒，甚至以手相扶，没有遇见危机。

皇宫门前即是"T"字形路口，2009年4月的一天，一场事故就在我眼前发生了。一辆封闭式小货车猛地撞上了快速行进中的摩托车，摩托车司机被撞得摔了下来。旋即，货车司机拉开右侧车门，跳下车来就往后开溜，正在值勤的交通警火速去追，不一会儿便把那个小伙子"请"了回来。我在加德满都办中国节时，深感这个欠发达国家正在觉醒，经济、政治、文化等各个方面都在向前迈进。但在一个如此闲适的国度，看到摩托车骑得如此飞快，还真有点不可理解。

三、蓝毗尼·中华寺

还在2008年11月，我就知道了尼泊尔有两个难得的去处，一个是佛祖诞生地蓝毗尼，另一个是喜马拉雅山脉珠穆朗玛峰。

一直到2009年10月第二次去尼泊尔办第四届中国节时，我才有机会作为中国文化代表团的一员访问了世界佛教圣地蓝毗尼。

在每排只有左右各一个座位的小型客机上，我们遇到了尼国农业部的一名公务员。他看到我们正在翻看的报纸上昨天开幕的尼泊尔第四届中国节的图文消息，便热情地与我们交谈起来。乘务员本来是要收回报纸给下个航次的乘客看的，却也很乐意让我们收存刊有中国节新闻的报纸。

蓝毗尼在尼泊尔南部，已经临近尼印边境，属

亚热带气候。一下飞机，就感到太阳的烈、气候的热。在不大的机场，当地尼中友好组织的官员和穿着节日盛装的尼泊尔女孩已在等候了，她们献上了用一朵朵鲜花串成的鲜艳花环，让我们感到了南部尼泊尔人对中国的友好。简短的会晤后，我们驱车前往狭义的蓝毗尼古镇，它在鲁渊德希县，占地只有7.77平方公里。一路上看到大片大片的稻田，一派即将丰收的景象。

首先参观的是中国海外名寺——中华寺。

中华寺是清宫式建筑风格，远望是我国佛教场所常见的那种土黄色，很是亲切。在祖国，参观过不少本土佛寺，在海外还是第一次进入。

南部尼泊尔在古代一度曾属古印度，佛祖释迦牟尼即诞生于尼泊尔南部的蓝毗尼。尼泊尔近90%民众信印度教，佛教只有4%左右，而佛教传入中国后，历经兴衰，至今仍有众多信徒。方丈怀善大和尚给我们介绍了蓝毗尼在世界佛教界的地位，讲解了在异国他乡办好中华寺的特殊意义。

随后我们去了佛祖诞生地，即摩耶夫人庙，实际上也是一座遗址公园。还没走近，白色屋宇和古色古香的墙体早已映入眼帘。菩提树下，圣水池畔，可以感到一丝丝凉爽，也许是心静的缘故。

500多年前的阿育王柱耸立在这里，穿着鲜亮服装的当地人在顶礼膜拜。进入遗址公园核心区——当年的挖掘现场，必须脱下鞋子。我赤脚踩在木板地上，转了一圈，终于看到了当年佛祖诞生时的那块石头，用玻璃罩着。我在那儿站立许久，想象着公元前623年这里发生的遥远故事。

在菩提树下，我们仔细辨认着方位。佛祖诞生地和日本寺各据一端，中间有大道连接，大道两旁分别是17个国家各自建成的庙宇，有韩国的、泰国的、越南的、缅甸的等等。

当天我们还要返回加德满都，因为时间关系只去了泰国寺。寺内，折合人民币70～80元的佛祖幼年以手指天的小塑像吸引了我们，据说在国内很少能见到这样的造型。巧的是出寺前我们还遇上南京来的一个小伙子，是一个背包族。

又回到蓝毗尼机场，尼中友好组织的那几个人已在这里等候了。正好尼国的水利部长、森林部长也在这个机场转机。

我们挥挥手，向蓝毗尼，向这个圣地道别。

图书在版编目（CIP）数据

博物苑. 总第 15 期/王栋云主编；陈卫平，金艳，徐宁编.
—北京：文物出版社，2010. 5
ISBN 978－7－5010－2960－0

Ⅰ．博…　Ⅱ.①王…②陈…③金…④徐…　Ⅲ.①博物馆事
业—南通市—丛刊　Ⅳ. ①G269. 275. 33－55

中国版本图书馆 CIP 数据核字（2010）第 073179 号

书　　名	博物苑（总第 15 期）	
主　　编	王栋云	
执行主编	陈卫平	
副 主 编	金　艳　徐　宁	
责任编辑	刘　婕	
美术编辑	张炽康	
出版发行	文物出版社	
	北京市东直门内北小街 2 号楼　　邮编 100007	
	http：//www. wenwu. com	
	E-mail：web@ wenwu. com	
印　　刷	北京君升印刷有限公司印刷	
开　　本	889×1194　　1/16	
印　　张	6	
字　　数	143 千字	
版　　次	2010 年 5 月第 1 版第 1 次印刷	
标准书号	ISBN 978－7－5010－2960－0	
定　　价	20. 00 元	

投稿信箱　　bjb@ ntmuseum. com